2010年度中国建筑业双百强企业研究报告

中国建筑业协会　编著

中国建筑工业出版社

图书在版编目(CIP)数据

2010年度中国建筑业双百强企业研究报告/中国建筑业协会编著. —北京：中国建筑工业出版社，2011.12

ISBN 978-7-112-13839-5

Ⅰ.①2… Ⅱ.①中… Ⅲ.①建筑企业—研究报告—中国—2010 Ⅳ.①F426.9

中国版本图书馆CIP数据核字（2011）第251187号

责任编辑：李 宁 马 红

责任校对：刘 钰 陈晶晶

2010年度中国建筑业双百强企业研究报告

中国建筑业协会 编著

*

中国建筑工业出版社出版、发行(北京西郊百万庄)

各地新华书店、建筑书店经销

北京天成排版公司制版

北京云浩印刷有限责任公司印刷

*

开本：787×960毫米 1/16 印张：11¼ 字数：200千字

2011年12月第一版 2011年12月第一次印刷

定价：**40.00**元

ISBN 978-7-112-13839-5

(21882)

《2010年度中国建筑业双百强企业研究报告》
编委会

前　言

为彰显中国建筑行业的综合实力，展示中国建筑业企业形象和辉煌业绩，进一步增强建筑业在国民经济中的地位和作用，引导和促进建筑业企业加快转变发展方式，提升核心竞争力，中国建筑业协会从 2011 年起组织开展了“中国建筑业企业竞争力百强排名活动”和“中国建筑业最具成长性企业百强排名活动”。《2010 年度中国建筑业双百强企业研究报告》对双百强排名活动进行了系统的总结和介绍，并对双百强上榜企业经营情况进行了翔实的分析。

全书共分 4 章。

第 1 章中国建筑业企业双百强排名概述。系统地介绍了中国建筑业企业双百强排名的背景、双百强排名指标及数据的选取、双百强排名的组织机构与运作程序、企业竞争力指数和成长性指数的计算方法，发布了 2010 年度中国建筑业企业双百强排行榜。

第 2 章 2010 年度中国建筑业企业竞争力百强分析。通过对 2010 年度竞争力百强排行基本情况及其在建筑业发展中地位的阐述，分析了 2010 年度中国建筑业企业竞争力百强的总体情况；从企业总收入、建筑业总产值、企业境外产值、新签合同额、总资产和净资产等方面，进行了竞争力百强的规模分析；通过对利润总额、净利润、上缴营业税和上缴所得税等指标的解析，阐述了竞争力百强的效益状况；从人才数量、科技进步类奖项和管理水平类奖项二个方面，对竞争力百强的科技与管理状况进行了分析；通过对精神文明类奖项和履行社会责任指标的分析，阐述了竞争力百强的精神文明建设情况。

第 3 章 2010 年度中国建筑业企业成长性百强分析。通过对 2010 年度成长性百强排行基本情况及其在建筑业发展中地位的阐述，分析了 2010 年度中国建筑业企业成长性百强的总体情况；从企业总收入、建筑业总产值、省外产值、新签合同额、总资产和净资产等方面，进行了成长性百强的规模分析；通过对利润总额、净利润、上缴营业税和上缴所得税等指标的解析，阐述了成长性百强的效益状况；从人才数量、科技进步类奖项和管理水平类奖项三个方面，对成长性百强的科技与管理状况进行了分析；通过对精神文明类奖项和履行社会责任指标的分析，阐述了成长性百强的精神文明建设情况。

第4章中国建筑业企业双百强比较分析。报告对2010年度中国建筑业竞争力百强企业在中国企业500强中的相对位置，双百强与全球承包商225强，竞争力百强与国际承包商225强进行了对比分析。

本书是国内第一本系统介绍“中国建筑业企业竞争力百强排名活动”和“中国建筑业最具成长性企业百强排名活动”，深入分析双百强上榜企业竞争和成长实力的著作，对引导建筑业企业学习借鉴先进企业经验、转复发展方式、不断提升竞争力，具有重要的借鉴价值。可供广大建筑业企业的领导层及管理人员、高等院校和科研机构从事建筑经济管理研究的理论工作者阅读参考。

本书由吴涛、王要武、尤完策划并统稿，参加各章编写的主要人员有：王秀兰、闫辉、吴宇迪(第1章、第4章)，崔雪竹、王承玮(第2章)，武元浩、江兆尧(第3章)。

限于时间和水平，本书错讹之处在所难免，敬请广大读者批评指正。

本书编委会

2011年12月

目　录

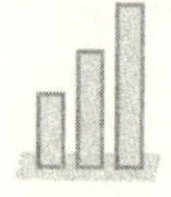

第1章　中国建筑业企业双百强排名概述

1.1　中国建筑业企业双百强排名的背景

1.1.1　中国建筑业企业双百强排名的起因

为彰显中国建筑行业的综合实力，展示中国建筑业企业形象和辉煌业绩，引导建筑业企业加快转变发展方式，不断提升竞争力，根据中国建筑业协会五届二次理事会决议，中国建筑业协会决定从2011年起，组织开展“中国建筑业企业竞争力百强排名活动”和“中国建筑业最具成长性企业百强排名活动”（以下简称中国建筑业企业双百强排名活动）。

中国建筑业企业双百强排名活动是一项行业公益性活动。排名工作本着对企业负责、对历史负责的精神，坚持客观、公开、公正、公平的原则。

排名活动每年进行一次，由建筑业企业自愿申报，经省、自治区、直辖市建筑业协会或有关行业建设协会择优推荐后，中国建筑业协会组织进行综合排名。

1.1.2　中国建筑业企业双百强排名的范围及条件

中国建筑业企业双百强排名活动对参选企业的性质和资质均有明确的要求，通过对参选企业条件分级分层界定，为各级企业提供了多层次公平竞争的平台；同时提高了评选工作的效率和科学性，克服了建筑业企业规模实力差距悬殊对排名活动的限制；并通过排名活动强化诚信经营、质量为本、安全第一的建筑业企业生产经营的基本理念。

在中国大陆取得经营许可、持有中国各级政府住房和城乡建设主管部门核发的三级及以上资质、从事工程承包和施工活动的独立法人单位，均可报名参加中国建筑业企业双百强排名活动(港、澳、台地区企业暂不参评；国资委管理的大型央企最高层级独立法人单位不参评，其下属的多层级子公司均可以独立法人为单位报名参评)。

具有特级资质和一级资质的企业可以报名参加“中国建筑业企业竞争力百强排名活动”，具有二级和三级资质的企业可以报名参加“中国建筑业最具成长性企业百强排名活动”；具有特级资质的企业不得参加“中国建筑业最具成长性企业百强排名活动”；具有一级资质的企业若已经进入“中国建筑业企业竞争力百强排名”序列，则不得再报名参加“中国建筑业最具成长性企业百强排名活动”；具有一级资质的企业若未进入“中国建筑业企业竞争力百强排名”序列，可根据自愿的原则(在申报表中注明)，参加“中国建筑业最具成长性企业百强排名活动”。

参评企业应在上一年度未发生质量责任事故较大以上生产安全事故和在社会上造成重大不良影响的其他事件以及企业主要领导贪腐案件等。

参评企业的上报数据及资料应真实可信，不得弄虚作假。如有虚假，一经查实，取消参评资格。

1.2 竞争力百强排名指标及数据的选取

1.2.1 竞争力百强排名指标的确定

中国建筑业企业竞争力百强排名重点突出企业的综合实力，分别考评企业的经营规模、资产规模、盈利能力、上缴税金、员工构成、科技进步、管理水平、精神文明等8个方面21项指标。相应的评价指标分类见表1-1。

中国建筑业企业竞争力评价指标分类表　　表 1-1

<table>
<tr><th>综合指标</th><th colspan="4">分类指标</th><th colspan="3">分类细化指标</th></tr>
<tr><td rowspan="22">建筑业企业竞争力指数S</td><td>代码</td><td>指标名称</td><td colspan="2">权重值</td><td>代码</td><td>指标名称</td><td>权重值</td></tr>
<tr><td rowspan="4">A</td><td rowspan="4">经营规模</td><td rowspan="11">70</td><td rowspan="4">21</td><td>A1</td><td>企业总收入</td><td>6</td></tr>
<tr><td>A2</td><td>建筑业总产值</td><td>6</td></tr>
<tr><td>A3</td><td>在境外完成的产值</td><td>4</td></tr>
<tr><td>A4</td><td>新签合同额</td><td>5</td></tr>
<tr><td rowspan="2">B</td><td rowspan="2">资产规模</td><td rowspan="2">14</td><td>B1</td><td>总资产</td><td>7</td></tr>
<tr><td>B2</td><td>净资产</td><td>7</td></tr>
<tr><td rowspan="2">C</td><td rowspan="2">盈利能力</td><td rowspan="2">13</td><td>C1</td><td>利润总额</td><td>6</td></tr>
<tr><td>C2</td><td>净利润</td><td>7</td></tr>
<tr><td rowspan="2">D</td><td rowspan="2">上缴税金</td><td rowspan="2">11</td><td>D1</td><td>上缴营业税</td><td>6</td></tr>
<tr><td>D2</td><td>上缴所得税</td><td>5</td></tr>
<tr><td rowspan="2">E</td><td rowspan="2">员工构成</td><td rowspan="2">11</td><td>E1</td><td>高级人才数</td><td>6</td></tr>
<tr><td>E2</td><td>中级人才数</td><td>5</td></tr>
<tr><td rowspan="3">F</td><td rowspan="3">科技进步</td><td rowspan="9">30</td><td rowspan="3">10</td><td>F1</td><td>科技进步类国家级奖项</td><td>5</td></tr>
<tr><td>F2</td><td>科技进步类省部级奖项</td><td>3</td></tr>
<tr><td>F3</td><td>科技进步类其他奖项</td><td>2</td></tr>
<tr><td rowspan="3">G</td><td rowspan="3">管理水平</td><td rowspan="3">10</td><td>G1</td><td>管理水平类国家级奖项</td><td>5</td></tr>
<tr><td>G2</td><td>管理水平类省部级奖项</td><td>3</td></tr>
<tr><td>G3</td><td>其他管理类奖项</td><td>2</td></tr>
<tr><td rowspan="3">H</td><td rowspan="3">精神文明</td><td rowspan="3">10</td><td>H1</td><td>精神文明类国家级奖项</td><td>5</td></tr>
<tr><td>H2</td><td>精神文明类省部级奖项</td><td>3</td></tr>
<tr><td>H3</td><td>履行社会责任</td><td>2</td></tr>
</table>

1.2.2　竞争力百强排名指标数据的选取

1.2.2.1　经营规模分类细化指标

(1) 企业总收入。指企业生产经营活动中通过销售商品、产品或提供劳务等取得的收入。包括工程结算收入、产品销售收入、劳务作业收入、材料销售收入、对外承包工程收入、其他销售收入、多种经营收入、其他业务收入等。企业总收入分为主营业务(工程结算)收入和其他

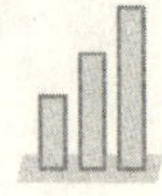

业务收入。采用申报企业最近三年年度企业总收入之和的平均值。

(2) 建筑业总产值。是以货币表现的建筑业企业在一定时期内生产的建筑业产品和服务的总和，包括建筑工程产值、安装工程产值和其他产值三部分。采用申报企业最近三年年度建筑业总产值之和的平均值。

(3) 在境外完成的产值。指建筑业企业在境外所完成的建筑业产值。采用申报企业最近三年年度境外完成产值之和的平均值。

(4) 新签合同额。采用申报企业最近三年年度新签合同额之和的平均值。

1.2.2.2 资产规模分类细化指标

(1) 总资产。指企业拥有或控制的能以货币计量的经济资源，包括各种财产、债权和其他权利。资产按其流动性(即资产的变现能力和支付能力)划分为：流动资产、长期投资、固定资产、无形资产、递延资产和其他资产。年度总资产根据会计“资产负债表”中“资产总计”项的期末数填列。采用申报企业最近三年年度总资产之和的平均值。

(2) 净资产。是属企业所有，并可以自由支配的资产，即所有者权益，在数量上等于企业全部资产减去全部负债后的余额。年度净资产根据会计“资产负债表”中的“所有者权益合计”项填列。采用申报企业最近三年年度净资产之和的平均值。

1.2.2.3 盈利能力分类细化指标

(1) 利润总额。指企业报告期内实现的利润。年度利润总额根据会计“利润表”(或“损益表”)中“利润总额”项填列。采用申报企业最近三年年度利润总额之和的平均值。

(2) 净利润。指在利润总额中按规定交纳了所得税以后公司的利润留存，一般也称为税后利润或净收入。净利润的计算公式为：净利润＝利润总额－所得税。采用申报企业最近三年年度净利润之和的平均值。

1.2.2.4 上缴税金分类细化指标

(1) 上缴营业税。指因从事建筑业生产活动，取得工程价款结算收入而按规定应该交纳的营业税。采用申报企业最近三年年度上缴营业税之和的平均值。

(2) 上缴所得税。指企业因从事生产、经营所得和其他所得，依照

规定缴纳的企业所得税。采用申报企业最近三年年度上缴所得税之和的平均值。

1.2.2.5 人员构成分类细化指标

(1) 高级人才数。采用申报企业一级注册建造师人数、高级职业经理人人数、高级职称员工人数三项之和。

(2) 中级人才数。采用申报企业二级注册建造师人数、优秀项目经理人数、中级职称员工人数三项之和。

1.2.2.6 科技进步分类细化指标

(1) 科技进步类国家级奖项。采用申报企业最近三个年度获得国家级科技进步奖、发明类专利(不含实用新型专利和外观设计专利)、国家级工法、建筑业新技术应用示范工程、绿色施工示范工程数量之和。

(2) 科技进步类省部级奖项。采用申报企业最近三个年度获得省部级科技进步奖、省部级工法数量之和。

(3) 科技进步类其他奖项。采用申报企业最近三个年度获得科技进步类其他奖项数量之和。

1.2.2.7 管理水平分类细化指标

(1) 管理水平类国家级奖项。采用申报企业最近三个年度获得中国建设工程鲁班奖(国家优质工程)、AAA级安全文明标准化诚信工地、建设工程优秀项目管理成果奖、QC质量管理奖数量之和。

(2) 管理水平类省部级奖项。采用申报企业最近三个年度获得省部级优质工程奖、省级施工安全文明工地数量之和。

(3) 其他管理类奖项。采用申报企业最近三个年度获得其他管理类奖项数量之和。

1.2.2.8 精神文明分类细化指标

(1) 精神文明类国家级奖项。采用申报企业最近三个年度获得国家级精神文明建设集体奖，如文明单位、“五一”劳动奖状先进集体奖(不含“五一”劳动奖章先进个人)数量之和。

(2) 精神文明类省部级奖项。采用申报企业三个年度获得省级精神文明建设集体奖，如文明单位、“五一”劳动奖状先进集体奖(不含“五一”劳动奖章先进个人)数量之和。

(3) 履行社会责任。为企业最近三个年度履行社会责任总体情况，以权重量化评价。

1.3 成长性百强排名指标及数据的选取

1.3.1 成长性百强排名指标的确定

中国建筑业最具成长性企业百强排名评审，着眼于企业未来的发展潜力，弱化企业规模评估指标，重点突出市场专业化拓展有特色、经营发展有效益、企业管理有水平、科技创新有亮点、凝聚人才有新招等成长性评估指标。具体包括经营规模、资产规模、盈利能力、上缴税金、员工构成、科技进步、管理水平、精神文明、成长特色等9个方面22项指标。相应的评价指标分类见表1-2。

中国建筑业企业成长性评价指标分类表　　表1-2

<table>
<tr><th>综合指标</th><th colspan="4">分类指标</th><th colspan="3">分类细化指标</th></tr>
<tr><td rowspan="17">建筑业企业成长性指数T</td><td>代码</td><td>指标名称</td><td colspan="2">权重值</td><td>代码</td><td>指标名称</td><td>权重值</td></tr>
<tr><td rowspan="4">A</td><td rowspan="4">经营规模</td><td rowspan="6">46</td><td rowspan="4">40</td><td>A1</td><td>企业总收入</td><td>13</td></tr>
<tr><td>A2</td><td>建筑业总产值</td><td>12</td></tr>
<tr><td>A3</td><td>在外省完成的产值</td><td>5</td></tr>
<tr><td>A4</td><td>新签合同额</td><td>10</td></tr>
<tr><td rowspan="2">B</td><td rowspan="2">资产规模</td><td rowspan="2">6</td><td>B1</td><td>总资产</td><td>3</td></tr>
<tr><td>B2</td><td>净资产</td><td>3</td></tr>
<tr><td rowspan="2">C</td><td rowspan="2">盈利能力</td><td rowspan="6">30</td><td rowspan="2">6</td><td>C1</td><td>利润总额</td><td>3</td></tr>
<tr><td>C2</td><td>净利润</td><td>3</td></tr>
<tr><td rowspan="2">D</td><td rowspan="2">上缴税金</td><td rowspan="2">6</td><td>D1</td><td>上缴营业税</td><td>3</td></tr>
<tr><td>D2</td><td>上缴所得税</td><td>3</td></tr>
<tr><td rowspan="2">E</td><td rowspan="2">员工构成</td><td rowspan="2">18</td><td>E1</td><td>高级人才数</td><td>10</td></tr>
<tr><td>E2</td><td>中级人才数</td><td>8</td></tr>
<tr><td rowspan="3">F</td><td rowspan="3">科技进步</td><td rowspan="3">24</td><td rowspan="3">6</td><td>F1</td><td>科技进步类国家级奖项</td><td>3</td></tr>
<tr><td>F2</td><td>科技进步类省部级奖项</td><td>2</td></tr>
<tr><td>F3</td><td>科技进步类其他奖项</td><td>1</td></tr>
</table>

续表

<table>
<tr><th>综合指标</th><th colspan="4">分类指标</th><th colspan="3">分类细化指标</th></tr>
<tr><td rowspan="8">建筑业企业成长性指数T</td><td>代码</td><td>指标名称</td><td colspan="2">权重值</td><td>代码</td><td>指标名称</td><td>权重值</td></tr>
<tr><td rowspan="3">G</td><td rowspan="3">管理水平</td><td rowspan="7">24</td><td rowspan="3">6</td><td>G1</td><td>管理水平类国家级奖项</td><td>3</td></tr>
<tr><td>G2</td><td>管理水平类省部级奖项</td><td>2</td></tr>
<tr><td>G3</td><td>其他管理类奖项</td><td>1</td></tr>
<tr><td rowspan="3">H</td><td rowspan="3">精神文明</td><td rowspan="3">7</td><td>H1</td><td>精神文明类国家级奖项</td><td>3</td></tr>
<tr><td>H2</td><td>精神文明类省部级奖项</td><td>2</td></tr>
<tr><td>H3</td><td>履行社会责任</td><td>2</td></tr>
<tr><td>I</td><td>成长特色</td><td>5</td><td>I1</td><td>成长特色介绍</td><td>5</td></tr>
</table>

1.3.2 成长性百强排名指标数据的选取

1.3.2.1 经营规模分类细化指标

（1）企业总收入。采用申报企业最近三年年度企业总收入之和的平均值。

（2）建筑业总产值。采用申报企业最近三年年度建筑业总产值之和的平均值。

（3）在外省完成的产值。采用申报企业最近三年年度在外省完成的产值之和的平均值。

（4）新签合同额。采用申报企业最近三年年度新签合同额之和的平均值。

1.3.2.2 资产规模分类细化指标

（1）总资产。采用申报企业最近三个年度总资产的平均增长率。

（2）净资产。采用申报企业最近三个年度净资产的平均增长率。

1.3.2.3 盈利能力分类细化指标

（1）利润总额。采用申报企业最近三个年度利润总额的平均增长率。

（2）净利润。采用申报企业最近三个年度净利润的平均增长率。

1.3.2.4 上缴税金分类细化指标

（1）上缴营业税。采用申报企业最近三个年度上缴营业税的平均增长率。

（2）上缴所得税。采用申报企业最近三个年度上缴所得税的平均增长率。

1.3.2.5 人员构成分类细化指标

（1）高级人才数。采用申报企业一级注册建造师人数、高级职业经理人人数、高级职称员工人数三项之和。

（2）中级人才数。采用申报企业二级注册建造师人数、优秀项目经理人数、中级职称员工人数三项之和。

1.3.2.6 科技进步分类细化指标

（1）科技进步类国家级奖项。采用申报企业最近三个年度获得国家级科技进步奖、发明类专利（不含实用新型专利和外观设计专利）、国家级工法、建筑业新技术应用示范工程、绿色施工示范工程数量之和。

（2）科技进步类省部级奖项。采用申报企业最近三个年度获得省部级科技进步奖、省部级工法数量之和。

（3）科技进步类其他奖项。采用申报企业最近三个年度获得科技进步类其他奖项数量之和。

1.3.2.7 管理水平分类细化指标

（1）管理水平类国家级奖项。采用申报企业最近三个年度获得中国建设工程鲁班奖（国家优质工程）、AAA级安全文明标准化诚信工地、建设工程优秀项目管理成果奖、QC质量管理奖数量之和。

（2）管理水平类省部级奖项。采用申报企业最近三个年度获得省部级优质工程奖、省级施工安全文明工地数量之和。

（3）其他管理类奖项。采用申报企业最近三个年度获得其他管理类奖项数量之和。

1.3.2.8 精神文明分类细化指标

（1）精神文明类国家级奖项。采用申报企业最近三个年度获得国家级精神文明建设集体奖，如文明单位、“五一”劳动奖状先进集体奖（不含“五一”劳动奖章先进个人）数量之和。

（2）精神文明类省部级奖项。采用申报企业三个年度获得省级精神文明建设集体奖，如文明单位、“五一”劳动奖状先进集体奖（不含“五一”劳动奖章先进个人）数量之和。

(3) 履行社会责任。为企业最近三个年度履行社会责任总体情况，以权重量化评价。

1.3.2.9 成长特色分类细化指标

成长特色介绍。为企业成长特色的总结，以权重量化评价。

1.4 双百强排名的组织机构与运作程序

1.4.1 双百强排名的组织机构

1.4.1.1 主办、协办和支持单位

中国建筑业企业双百强排名活动由中国建筑业协会主办，建筑时报社协办，各地区建筑业协会、有关行业建设协会、大型央企及有关媒体作为支持单位。

1.4.1.2 评审委员会

在中国建筑业协会领导之下，成立中国建筑业企业双百强排名活动评审委员会，委员会成员由中国建筑业协会、各地区建筑业协会、有关行业建设协会、大型央企以及相关高等院校、科研机构的专家和领导组成，其职责是全面负责排名活动的组织、评价标准制定、排名过程的监督管理、排名次序的最后确定等工作。

1.4.1.3 秘书组

中国建筑业企业双百强排名活动评审委员会下设秘书组，其主要职责是：

(1) 负责双百强排名评审的日常事务和信息联络工作。

(2) 对申报企业的基本数据进行复核和验证，对企业所获奖项和证明材料进行复核和确认，并汇总统计。

各地区建筑业协会、有关行业建设协会指定一名专人，负责本地区本行业该项活动的日常工作。

1.4.1.4 专家组

中国建筑业企业双百强排名活动评审委员会下设专家组。专家组成员由建筑行业内资深专家、专业研究人员组成，负责制定排名标准和排名方法，确定各指标的权重值，参与评审过程中的统计、复核、抽查、

初评等工作。

1.4.2 双百强排名的运作程序

中国建筑业企业双百强排名活动按下列程序进行：

（1）各地方企业自愿向注册地省、自治区、直辖市建筑业协会报名，央企自愿向所属的行业建设协会报名（中国建筑工程总公司系统的企业通过中国建筑工程总公司报名）。

（2）各省、自治区、直辖市建筑业协会和有关行业建设协会对企业的申报材料进行预审，并将预审合格的企业向中国建筑业企业双百强排名活动评审委员会推荐。中国建筑业企业双百强排名活动评审委员会秘书组负责受理申报材料。

（3）中国建筑业企业双百强排名活动评审委员会秘书组进行统计、复核、抽查。

（4）中国建筑业企业双百强排名活动评审委员会专家组对各企业申报表进行评审，根据计算出的企业竞争力指数S值和成长性指数T值由高到低排序，提出入围双百强企业名单。

（5）对入围双百强企业在中国建筑业协会网站上进行公示，公示期为7天，并客观、公正地处理反馈意见。

（6）中国建筑业企业双百强排名活动评审委员会召开评审会，审定中国建筑业企业双百强企业排名名单。

（7）中国建筑业协会组织召开评选结果发布会，向获得“中国建筑业企业竞争力百强”和“中国建筑业最具成长性企业百强”称号的企业颁发证书。

1.5 企业竞争力指数和成长性指数的计算

1.5.1 企业竞争力指数计算

1.5.1.1 计算步骤

企业竞争力指数S计算方法的总体思路是：根据申报企业的上报数据，计算所有申报企业每一项分类细化指标数据之和；计算申报企业

21 项分类细化指标数据占该分类细化指标数据之和的比例；对 21 项分类细化指标比例乘以该分类细化指标权重值求和，所得数值即为企业竞争力指数 S。具体计算步骤如下：

(1) 企业数据的预处理。将所有企业数据按照 8 方面分类指标分为三个类别：经营规模、资产规模、盈利能力和上缴税金为第一类指标，员工构成为第二类指标，科技进步、管理水平和精神文明为第三类指标。对三类指标下各项分类细化指标数据按照如下方法进行预处理：第一类分类细化指标数据采用企业上报三年(2010、2009、2008)的每一项指标数据总和的平均值；第二类分类细化指标数据采用企业上报的各类高级(中级)人才数的总和；第三类分类细化指标数据采用企业上报三年(2010、2009、2008)的每一项指标数据的总和。

(2) 将所有企业的预处理后的同一项指标数据求和，计算出各项分类细化指标所有企业的总计值。

(3) 计算出每一家企业各项分类细化指标数据在该项指标数据总和中所占的比值。

(4) 将(3)中得到的比值数据与表 1-1 中对应指标的权重值相乘，得到企业各项分类细化指标得分值。

(5) 将每一家企业的所有分类细化指标得分值求和，得到该企业的总分，即为“竞争力指数 S”。

1.5.1.2　计算示例

为简明计算，假设申报企业只有甲、乙、丙 3 家。其中，甲、乙企业为特级资质，丙企业为一级资质，3 家企业上报的各项分类细化指标数据如表 1 3 所示。

(1) 企业数据的预处理。第一类分类细化指标数据，以甲企业“企业总收入”指标为例，三年的平均值应为：(1995507＋1548096＋1358382)/3＝1633995(万元)；第二类分类细化指标数据，以甲企业“高级人才数”指标为例，应为一级建造师员工数、高级职业经理人数和高级职称员工人数三类人数的总和，共计 1948 人；第三类分类细化指标数据，以甲企业“科技进步类国家级奖项”指标为例，应为：22＋15＋15＝52。甲、乙、丙 3 家企业预处理后的数据分别见表 1-4 中第(2)、(3)、(4)项数据。

甲、乙、丙企业申报中国建筑业企业竞争力百强的基本数据 **表 1-3**

分类细化指标	甲企业			乙企业			丙企业		
	2010	2009	2008	2010	2009	2008	2010	2009	2008
企业总收入(万元)	1995507	1548096	1358382	797289	819482	783364	624424	573513	508242
建筑业总产值(万元)	2509716	1908419	1673330	849100	1076300	900900	624191	573255	508159
在境外完成的产值(万元)	458384	382488	209447	130200	102200	78000	8915	9018	257946
新签合同额(万元)	5050457	4112415	4088914	971400	983300	1060000	2171753	730500	700204
总资产(万元)	2796340	2095231	1739014	868723	798019	763435	795096	561890	385688
净资产(万元)	336353	341987	293690	238700	218691	200669	86722	89750	36149
利润总额(万元)	30090	24878	20405	30545	28690	18255	9315	9186	15867
净利润(万元)	22322	19255	18891	15713	19410	9328	5056	9074	12450
上缴营业税(万元)	53161	52095	38719	21240	24029	25211	14316	13248	10727
上缴所得税(万元)	53161	52095	38719	15768	10360	9756	4488	2552	1448
高级人才数(人)	1948			929			523		
中级人才数(人)	3043			1430			1006		
科技进步类国家级奖项	22	15	15	0	4	0	11	0	0
科技进步类省部级奖项	3	7	6	0	1	0	1	0	0
科技进步类其他奖项	0	0	0	1	0	0	0	0	0
管理水平类国家级奖项	8	10	21	2	4	2	1	0	0
管理水平类省部级奖项	168	113	146	4	2	4	45	0	0

续表

分类细化指标	甲企业			乙企业			丙企业		
	2010	2009	2008	2010	2009	2008	2010	2009	2008
其他管理类奖项	0	0	0	0	0	0	0	0	0
精神文明类国家级奖项	5	5	7	0	1	2	0	0	0
精神文明类省部级奖项	1	0	4	2	1	2	3	0	0
履行社会责任	3			2			2		

甲、乙、丙企业竞争力指数S计算表 **表 1-4**

分类细化指标	权重	预处理后数据				得分		
		甲企业	乙企业	丙企业	总计	甲企业	乙企业	丙企业
	(1)	(2)	(3)	(4)	(5)=(2)+(3)+(4)	(6)=(2)/(5)×(1)	(7)=(3)/(5)×(1)	(8)=(4)/(5)×(1)
企业总收入(万元)	6	1633995	800045	568726	3002766	3.26497936	1.59861592	1.13640472
建筑业总产值(万元)	6	2030488	942100	568535	3541123	3.44041398	1.59627315	0.96331287
在境外完成的产值(万元)	4	350106	103467	91960	545533	2.56707878	0.75864690	0.67427432
新签合同额(万元)	5	4417262	1004900	1200819	6622981	3.33479894	0.75864630	0.90655477
总资产(万元)	7	2210195	810059	580891	3601145	4.29623418	1.57461392	1.12915189
净资产(万元)	7	324010	219353	70873	614236	3.69250245	2.49980679	0.80769076
利润总额(万元)	6	25124	25830	11456	62410	2.41539819	2.48325119	1.10135061
净利润(万元)	7	20156	14817	8860	43833	3.21885948	2.36625794	1.41488259

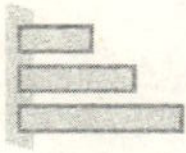

续表

分类细化指标	权重	预处理后数据				得分		
		甲企业	乙企业	丙企业	总计	甲企业	乙企业	丙企业
	(1)	(2)	(3)	(4)	(5)=(2)+(3)+(4)	(6)=(2)/(5)×(1)	(7)=(3)/(5)×(1)	(8)=(4)/(5)×(1)
上缴营业税(万元)	6	47992	23494	12763	84249	3.41785441	1.67316460	0.90898099
上缴所得税(万元)	5	47992	11961	2829	62782	3.82208704	0.95257737	0.22533559
高级人才数	6	1948	929	523	3400	3.43764706	1.63941176	0.92294118
中级人才数	5	3043	1430	1006	5479	2.77696660	1.30498266	0.91805074
科技进步类国家级奖项	5	52	4	11	67	3.88059701	0.29850746	0.82089552
科技进步类省部级奖项	3	16	1	1	18	2.66666667	0.16666667	0.16666667
科技进步类其他奖项	2	0	1	0	1	0.00000000	2.00000000	0.00000000
管理水平类国家级奖项	5	39	8	1	48	4.06250000	0.83333333	0.10416667
管理水平类省部级奖项	3	427	10	45	482	2.65767635	0.06224066	0.28008299
其他管理类奖项	2	0	0	0	0	0.00000000	0.00000000	0.00000000
精神文明类国家级奖项	5	17	3	0	20	4.25000000	0.75000000	0.00000000
精神文明类省部级奖项	3	5	5	3	13	1.15384615	1.15384615	0.69230769
履行社会责任	2	3	2	2	7	0.85714286	0.57142857	0.57142857
合计	100	—	—	—	—	59.21324951	25.04227136	13.74447913

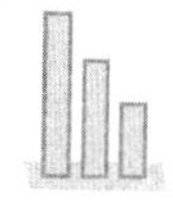

(2) 计算各项分类细化指标所有企业的总计值。以“企业总收入”指标为例，所有企业的总计值应为：1633995＋800045＋568726＝3002766（万元）。各项分类细化指标所有企业的总计值见表1-4中第(5)项数据。

(3) 计算每一家企业各项分类细化指标数据在该项指标数据总和中所占的比值。以甲企业“企业总收入”指标为例，其比值应为：1633995/3002766＝0.5442。甲、乙、丙3家企业各项分类细化指标所占的比值分别为表1-4中第(2)、(3)、(4)项数据与第(5)项数据的比值。

(4) 计算每家企业各项分类细化指标的得分值。以甲企业“企业总收入”指标为例，其得分值应为：0.5442×6＝3.26497936。甲、乙、丙3家企业各项分类细化指标的得分值分别见表1-4中的(6)、(7)、(8)项数据。

(5) 计算每家企业的竞争力指数S。将甲、乙、丙3家企业的所有分类细化指标得分值分别求和，得到各家企业的总分，见表1-4中(6)、(7)、(8)各项数据的合计值。3家企业的竞争力指数S分别为59.21324951、25.04227136和13.74447913。

1.5.2 企业成长性指数计算

1.5.2.1 计算步骤

企业成长性指数T计算方法的总体思路是：根据申报企业的上报数据，计算所有申报企业每一项分类细化指标数据之和；计算申报企业22项分类细化指标数据占该分类细化指标数据之和的比例；对22项分类细化指标比例乘以该分类细化指标权重值求和，所得数值即为企业竞争力指数T。具体计算步骤如下：

(1) 企业数据的预处理。将所有企业数据按照9方面分类指标分为五个类别：经营规模为第一类指标，资产规模、盈利能力和上缴税金为第二类指标，员工构成为第三类指标，科技进步、管理水平和精神文明为第四类指标，成长特色为第五类指标。对五类指标下各项分类细化指标数据按照如下方法进行预处理：第一类分类细化指标数据采用企业上报三年(2010、2009、2008)的每一项指标数据总和的平均值；第二类分类细化指标数据采用企业上报三年(2010、2009、2008)的每一项指标的平均增长率；第三类分类细化指标数据采用企业上报的各类高级（中级）人才数的总和；第四类分类细化指标数据采用企业上报三年（2010、2009、2008）的每一项指标数据的总和；第五类分类细化指标数据采用评审委员会对企业成长特色介绍的权重量化评价。

(2) 将所有企业的预处理后的同一项指标数据求和，计算出各项分类细化指标所有企业的总计值。

(3) 计算出每一家企业各项分类细化指标数据在该项指标数据总和中所占的比值。

(4) 将(3)中得到的比值数据与表 1-2 中对应指标的权重值相乘，得到企业各项分类细化指标得分值。

(5) 将每一家企业的所有分类细化指标得分值求和，得到该企业的总分，即为“成长性指数 T”。

1.5.2.2　计算示例

仍然采用表 1-3 中的企业及其各项指标数据，假设申报企业只有甲、乙、丙 3 家，评审委员会对 3 家企业成长特色介绍的权重量化评价分别为 4、5 和 3。

(1) 企业数据的预处理。第一类分类细化指标数据，以甲企业“企业总收入”指标为例，三年的平均值应为：(1995507＋1548096＋1358382)/3＝1633995（万元）；第二类分类细化指标数据，以甲企业“总资产”指标为例，应为：$(2796340/1739014)^{0.5}-1=0.2681$；第三类分类细化指标数据，以甲企业“高级人才数”指标为例，应为一级建造师员工数、高级职业经理人数和高级职称员工人数三类人数的总和，共计 1948 人；第四类分类细化指标数据，以甲企业“科技进步类国家级奖项”指标为例，应为：22＋15＋15＝52；第五类分类细化指标数据直接采用评审委员会对企业成长特色介绍的权重量化评价。甲、乙、丙 3 家企业预处理后的数据见表 1-5 中第(2)、(3)、(4)项数据。

(2) 计算各项分类细化指标所有企业的总计值。以“企业总收入”指标为例，所有企业的总计值应为：1633995＋800045＋568726＝3002766（万元）。各项分类细化指标所有企业的总计值见表 1-5 中第(5)项数据。

甲、乙、丙企业成长性指数 T 计算表　　**表 1-5**

分类细化指标	权重	预处理后数据				得分		
		甲企业	乙企业	丙企业	总计	甲企业	乙企业	丙企业
	(1)	(2)	(3)	(4)	(5)=(2)+(3)+(4)	(6)=(2)/(5)×(1)	(7)=(3)/(5)×(1)	(8)=(3)/(5)×(1)
企业总收入(万元)	13	1633995	800045	568726	3002766	7.07412195	3.46366782	2.46221023
建筑业总产值(万元)	12	2030488	942100	568535	3541123	6.88082796	3.19254630	1.92662573
在境外完成的产值(万元)	5	350106	103467	91960	545533	3.20884848	0.94830863	0.84284290
新签合同额(万元)	10	4417262	1004900	1200819	6622981	6.66959787	1.51729259	1.81310953
总资产(万元)	3	0.2681	0.0667	0.4358	0.7706	1.04362797	0.25978776	1.69658427
净资产(万元)	3	0.0702	0.0907	0.5489	0.7097	0.29662080	0.38319800	2.32018120
利润总额(万元)	3	0.2143	0.2936	−0.2338	0.2741	2.34607160	3.21306832	−2.55913992
净利润(万元)	3	0.0870	0.2979	−0.3628	0.0222	11.78602352	40.33775006	−49.12377358
上缴营业税(万元)	3	0.1717	−0.0821	0.1553	0.2449	2.10400144	−1.00620414	1.90220270
上缴所得税(万元)	3	0.1717	0.2713	0.7603	1.2034	0.42814222	0.67636236	1.89549542
高级人才数	10	1948	929	523	3400	5.72941176	2.73235294	1.53823529
中级人才数	8	3043	1430	1006	5479	4.44314656	2.08797226	1.46888118

续表

分类细化指标	权重	预处理后数据				得分		
		甲企业	乙企业	丙企业	总计	甲企业	乙企业	丙企业
	(1)	(2)	(3)	(4)	(5)=(2)+(3)+(4)	(6)=(2)/(5)×(1)	(7)=(3)/(5)×(1)	(8)=(3)/(5)×(1)
科技进步类国家级奖项	3	52	4	11	67	2.32835821	0.17910448	0.49253731
科技进步类省部级奖项	2	16	1	1	18	1.77777778	0.11111111	0.11111111
科技进步类其他奖项	1	0	1	0	1	0.00000000	1.00000000	0.00000000
管理水平类国家级奖项	3	39	8	1	48	2.43750000	0.50000000	0.06250000
管理水平类省部级奖项	2	427	10	45	482	1.77178423	0.04149378	0.18672199
其他管理类奖项	1	0	0	0	0	0.00000000	0.00000000	0.00000000
精神文明类国家级奖项	3	17	3	0	20	2.55000000	0.45000000	0.00000000
精神文明类省部级奖项	2	5	5	3	13	0.76923077	0.76923077	0.46153846
履行社会责任	2	3	2	2	7	0.85714286	0.57142857	0.57142857
成长特色介绍	5	4	5	3	12	1.66666667	2.08333333	1.250000000
合计	100	—	—	—	—	66.16890265	63.51180494	—30.68070761

(3) 计算每一家企业各项分类细化指标数据在该项指标数据总和中所占的比值。以甲企业“企业总收入”指标为例，其比值应为：1633995/3002766＝0.5442。甲、乙、丙3家企业各项分类细化指标所占的比值分别为表1-5中第(2)、(3)、(4)项数据与第(5)项数据的比值。

(4) 计算每家企业各项分类细化指标的得分值。以甲企业“企业总收入”指标为例，其得分值应为：0.5442×13＝7.07412195。甲、乙、丙3家企业各项分类细化指标的得分值见表1-5中的(6)、(7)、(8)项数据。

(5) 计算每家企业的成长性指数T。将甲、乙、丙3家企业的所有分类细化指标得分值分别求和，得到各家企业的总分，分别见表1-5中(6)、(7)、(8)各项数据的合计值。3家企业的成长性指数T分别为66.16890265、63.51180494和－30.68070761。

1.6 首届双百强排名的实施

1.6.1 首届双百强排名的实施过程

1.6.1.1 发文通知

2011年6月9日，中国建筑业协会以建协〔2011〕30号文发布《关于开展中国建筑业企业双百强排名活动的通知》(见图1-1)，正式组织开展“中国建筑业企业双百强”排名活动。

1.6.1.2 召开启动会

2011年6月16日至17日，中国建筑业协会在西安召开中国建筑业“十二五”规划与产业政策高级研修班暨“中国建筑业双百强”评选活动启动会(参见图1-2)。中国建筑业协会副会长吴涛、楼永良及陕西省住房和城乡建设厅副厅长许龙发等领导出席会议并讲话。来自各省、自治区、直辖市建筑业协会、行业建设协会、大型央企的领导和各地建筑业企业的代表共200余人参加会议。

1.6.1.3 企业申报

根据《关于开展中国建筑业企业双百强排名活动的通知》(建协〔2011〕30号)和《中国建筑业企业双百强排名活动实施方案》，符合参

中国建筑业协会文件

建协〔2011〕30号

关于开展中国建筑业企业双百强排名活动的通知

各省、自治区、直辖市建筑业协会（联合会、施工行业协会），有关行业建设协会，解放军工程建设协会，国资委管理的有关建筑业企业，本会单位会员，有关单位：

为彰显中国建筑行业的综合实力，展示中国建筑业企业形象和辉煌业绩，引导建筑业企业加快转变发展方式，不断提升竞争力，根据中国建筑业协会五届二次理事会决议，我会决定从2011年起，组织开展“中国建筑业企业竞争力百强排名活动”和“中国建筑业最具成长性企业百强排名活动”，具体活动方案见附件。

请协助我会做好组织申报工作。

附件：中国建筑业企业双百强排名活动方案

图1-1　中国建筑业协会发布的《关于开展中国建筑业企业双百强排名活动的通知》

图1-2　中国建筑业“十二五”规划与产业政策高级研修班暨“中国建筑业双百强”评选活动启动会

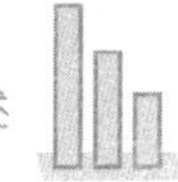

评资格的企业开始填报“中国建筑业企业竞争力百强排名活动申报表”和“中国建筑业最具成长性企业百强排名活动申报表”。本次共有303家企业申报竞争力百强评选，263家企业申报成长性百强评选。

1.6.1.4 评审

按照《中国建筑业企业双百强排名活动实施方案》确定的评选原则和程序，双百强排名活动评审委员会秘书组对申报材料进行了认真细致地核实、统计和录入，并根据《中国建筑业企业双百强排名办法》进行了精确地计算。

2011年10月18日，中国建筑业协会在北京召开中国建筑业企业双百强评审会(参见图1-3和图1-4)。中国建筑业协会副秘书长尤完介绍了双百强活动背景、评审过程以及评审会的主要内容和评审方法。中国建筑业协会信息传媒部主任王秀兰汇报了双百强计算结果。来自北京交通大学、哈尔滨工业大学、山东科技大学、中国铁建股份有限公司、北京建工集团、中国冶金建设协会以及江苏、山东、湖南、浙江嘉兴建筑业协会、建筑时报社的有关专家根据《中国建筑业企业双百强排名试行办法》，对双百强评审过程、计算过程、计算结果进行了认真的复核和审查，一致认为排名办法科学、指标设置合理、评审程序严格。同意中国葛洲坝集团股份有限公司等100家企业为2010年度中国建筑业企业竞争力百强企业，中建三局第三建筑工程有限责任公司等100家企业为2010年度中国建筑业最具成长性百强企业。

图1-3 “中国建筑业企业双百强”评审会现场

图 1-4 “中国建筑业企业双百强”评审专家合影

1.6.1.5 公示与公布

中国建筑业协会在评审结束后，随即将评审结果在中国建筑业协会网站(http：//www.zgjzy.org/)进行了公示。对于公示期间的反馈信息，中国建筑业协会组织专家进行了检查和审议，最后确定中国葛洲坝集团股份有限公司等100家企业为中国建筑业企业竞争力百强；中建三局第三建筑工程有限责任公司等100家企业为中国建筑业最具成长性企业百强。

2011年10月26日，中国建筑业协会正式将2010年度中国建筑业企业双百强名单向社会公布。

1.6.1.6 发布表彰

中国建筑业协会于2011年12月14日在北京召开庆祝中国建筑业协会成立25周年暨2010年度中国建筑业企业双百强发布会议，发布中国建筑业企业双百强排名活动评选结果，向获得“中国建筑业企业竞争力百强”和“中国建筑业最具成长性企业百强”称号的企业颁发证书。

1.6.2 首届双百强排名的申报情况分析

1.6.2.1 竞争力百强申报情况

1. 资质分布

本次申报竞争力百强评选共有303家企业，入选率为33.00%。其中，特级企业119家，入选78家，入选率为65.55%；一级企业184

家，入选22家，入选率为11.96%。

2. 地区分布

本次竞争力百强评选活动，共有29个省、自治区、直辖市建筑业协会参与了资料初审和推荐工作，青海和西藏两省未申报。通过各省、自治区、直辖市建筑业协会初审，申报竞争力百强的企业共255家，入选79家，入选率为30.98%。申报和入选企业的地区分布情况如表1-6所示。

申报和入选竞争力百强企业的地区分布情况 **表1-6**

地区	申报企业数(家)	入选企业数(家)	入选率(%)	地区	申报企业数(家)	入选企业数(家)	入选率(%)
山东	36	6	16.67	新疆	5	1	20.00
江苏	28	18	64.29	四川	5	2	40.00
浙江	23	10	43.48	云南	5	1	20.00
上海	16	7	43.75	辽宁	4	3	75.00
广东	12	2	16.67	河北	4	2	50.00
湖南	12	1	8.33	广西	4	2	50.00
江西	12	0	0.00	甘肃	3	1	33.33
河南	11	1	9.09	内蒙古	2	1	50.00
陕西	11	2	18.18	宁夏	2	0	0.00
安徽	11	3	27.27	重庆	2	1	50.00
福建	11	1	9.09	黑龙江	2	1	50.00
北京	10	5	50.00	吉林	1	0	0.00
湖北	9	4	44.44	山西	1	1	100.00
海南	7	0	0.00	贵州	1	1	100.00
天津	5	2	40.00	合计	255	79	30.98

3. 行业分布

本次竞争力百强评选活动，共有14个行业建设协会、大型央企参与了资料初审和推荐工作（中铁工企业管理协会和中国铁建股份有限公司按铁路系统归并统计）。通过各行业建设协会和大型央企初审，申报

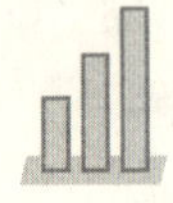

竞争力百强的企业共48家，入选21家，入选率为43.75%。申报企业的行业分布情况如表1-7所示。

申报和入选竞争力百强企业的行业分布情况　　表1-7

行业、大型央企	申报企业数(家)	入选企业数(家)	入选率(%)
中建协石化建设分会	10	0	0.00
冶金建设协会	10	6	60.00
水运建设行业协会	7	5	71.43
石油工程建设协会	4	2	50.00
中国化工施工企业协会	3	0	0.00
中国建筑工程总公司	3	3	100.00
铁路	2	2	100.00
水利工程协会	2	0	0.00
中建协核工业建设分会	2	1	50.00
解放军工程协会	2	0	0.00
公路建设行业协会	1	0	0.00
有色建设协会	1	1	100.00
中国新兴(集团)总公司	1	1	100.00
合计	48	21	43.75

1.6.2.2　成长性百强申报情况

1. 资质分布

本次申报成长性百强评选的共有263家企业，入选率为38.02。其中，一级企业236家，入选98家，入选率为41.53%；二级企业25家，入选2家，入选率为8.00%；三级企业2家，均未入选。

2. 地区分布

共有27个省、自治区、直辖市建筑业协会参与成长性百强企业的资料初审和推荐工作，山西、贵州、青海和西藏四省未申报。通过以上各省、自治区、直辖市建筑业协会初审，申报成长性百强的企业共242家，入选90家，入选率为37.19%。申报企业的地区分布情况如表1-8所示。

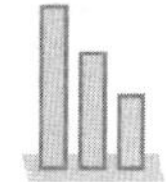

申报和入选成长性百强企业的地区分布情况　　　　表 1-8

地区	申报企业数(家)	入选企业数(家)	入选率(%)	地区	申报企业数(家)	入选企业数(家)	入选率(%)
山东	33	13	39.39	广西	7	2	28.57
浙江	20	19	95.00	河南	6	1	16.67
江苏	18	8	44.44	四川	5	3	60.00
安徽	18	3	16.67	云南	4	2	50.00
江西	17	3	17.65	湖南	4	1	25.00
福建	13	0	0.00	甘肃	3	1	33.33
广东	12	4	33.33	河北	3	1	33.33
上海	12	1	8.33	宁夏	3	1	33.33
陕西	11	8	72.73	天津	3	1	33.33
辽宁	11	3	27.27	新疆	3	1	33.33
湖北	10	3	30.00	吉林	2	1	50.00
海南	8	2	25.00	黑龙江	1	0	0.00
北京	7	4	57.14	内蒙古	1	0	0.00
重庆	7	4	57.14	合计	242	90	37.19

3. 行业分布

本次成长性百强评选活动，共有7个行业建设协会参与了资料初审和推荐工作。通过以上各行业建设协会初审，申报成长性百强的企业共21家，入选10家，入选率为47.62%。申报企业的行业分布情况如表1-9所示。

申报和入选成长性百强企业的行业分布情况　　　　表 1-9

行业	申报企业数(家)	入选企业数(家)	入选率(%)
中建协石化建设分会	12	5	41.67
解放军工程协会	2	0	0.00
石油工程建设协会	2	1	50.00
水运建设行业协会	2	1	50.00
中建协核工业建设分会	1	1	100.00
中国化工施工企业协会	1	1	100.00
冶金建设协会	1	1	100.00
合计	21	10	47.62

1.6.3　2010年度中国建筑业双百强企业排行榜

1.6.3.1　2010年度中国建筑业企业竞争力百强排行榜

按照本章介绍的评审办法，中国建筑业协会组织评审专家进行了2010年度中国建筑业企业竞争力百强评审工作，经评审确定的2010年度中国建筑业企业竞争力百强排行榜如表1-10所列。

2010中国建筑业企业竞争力百强排行榜　　　　表1-10

排名	企业名称	竞争力指数	资质等级	省份/协会
1	中国葛洲坝集团股份有限公司	2.3544704	特级	湖北
2	中国建筑第八工程局有限公司	2.0622080	特级	中建
3	中建三局建设工程股份有限公司	1.9286405	特级	湖北
4	北京城建集团有限责任公司	1.8909324	特级	北京
5	北京建工集团有限责任公司	1.6795061	特级	北京
6	中国石油工程建设公司	1.3935354	一级	石油
7	中国石油天然气管道局	1.2905209	特级	石油
8	青建集团股份公司	1.2828580	特级	山东
9	中天建设集团有限公司	1.2820936	特级	浙江
10	上海城建(集团)公司	1.2169523	特级	上海
11	广东省建筑工程集团有限公司	1.1787751	特级	广东
12	广厦建设集团有限责任公司	1.1756980	特级	浙江
13	湖南省建筑工程集团总公司	1.1347499	特级	湖南
14	广西建工集团有限责任公司	1.1184918	特级	广西
15	中交第一航务工程局有限公司	1.1117930	特级	水运
16	中铁一局集团有限公司	1.1066087	特级	陕西
17	浙江省建设投资集团有限公司	1.0423357	一级	浙江
18	江苏南通二建集团有限公司	0.9716441	特级	江苏
19	重庆建工集团股份有限公司	0.9663015	特级	重庆
20	中国建筑第四工程局有限公司	0.9534946	特级	中建
21	中铁电气化局集团有限公司	0.9210411	特级	铁路
22	山西建筑工程(集团)总公司	0.9122155	特级	山西
23	中交第三航务工程局有限公司	0.9050380	特级	上海
24	中交上海航道局有限公司	0.8848793	一级	水运

续表

排名	企业名称	竞争力指数	资质等级	省份/协会
25	上海隧道工程股份有限公司	0.8394911	特级	上海
26	南通四建集团有限公司	0.8279048	特级	江苏
27	上海宝冶集团有限公司	0.7855597	特级	上海
28	广州建筑股份有限公司	0.7648981	特级	广东
29	中交第四航务工程局有限公司	0.7582541	特级	水运
30	中国华西企业股份有限公司	0.7551192	特级	四川
31	中国二十二冶集团有限公司	0.7502786	一级	冶金
32	天津市建工集团(控股)有限公司	0.7463828	特级	天津
33	安徽建工集团有限公司	0.7150608	特级	安徽
34	中国五冶集团有限公司	0.7069742	特级	冶金
35	江苏省苏中建设集团股份有限公司	0.6893576	特级	江苏
36	苏州金螳螂企业(集团)有限公司	0.6852987	一级	江苏
37	中国建筑第七工程局有限公司	0.6789702	特级	中建
38	中铁七局集团有限公司	0.6740641	特级	河南
39	陕西建工集团总公司	0.6570304	特级	陕西
40	江苏南通三建集团有限公司	0.6521829	特级	江苏
41	中冶天工集团有限公司	0.6478665	特级	冶金
42	中煤矿山建设集团	0.6296574	特级	安徽
43	中国二十冶集团有限公司	0.6239282	特级	冶金
44	云南建工集团有限公司	0.6101011	一级	云南
45	成都建筑工程集团总公司	0.5869052	特级	四川
46	上海市第七建筑有限公司	0.5694649	特级	上海
47	福建建工集团总公司	0.5419984	特级	福建
48	中交广州航道局有限公司	0.5329348	一级	水运
49	中铁建设集团有限公司	0.4946211	特级	铁路
50	浙江亚厦装饰股份有限公司	0.4897814	一级	浙江
51	中国一冶集团有限公司	0.4869309	一级	冶金
52	南通建筑工程总承包有限公司	0.4838039	特级	江苏
53	中铁九局集团有限公司	0.4703666	特级	辽宁
54	浙江宝业建设集团有限公司	0.4689037	特级	浙江

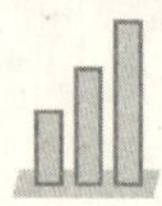

续表

排名	企业名称	竞争力指数	资质等级	省份/协会
55	北京住总集团有限责任公司	0.4667678	特级	北京
56	上海市第一建筑有限公司	0.4607207	特级	上海
57	江苏省华建建设股份有限公司	0.4432500	特级	江苏
58	江苏江都建设集团有限公司	0.4362243	特级	江苏
59	浙江省建工集团有限责任公司	0.4271742	特级	浙江
60	江苏省盐阜建设集团有限公司	0.4234548	一级	江苏
61	安徽省外经建设集团有限公司	0.4118925	一级	安徽
62	龙元建设集团股份有限公司	0.4084358	特级	浙江
63	中国十五冶金建设集团有限公司	0.4073600	特级	有色
64	天津住宅集团建设工程总承包有限公司	0.4070006	一级	天津
65	苏州二建建筑集团有限公司	0.3948500	特级	江苏
66	中国新兴建设开发总公司	0.3941694	特级	新兴
67	中建三局第一建设工程有限责任公司	0.3908771	特级	湖北
68	河北建工集团有限责任公司	0.3908498	特级	河北
69	内蒙古兴泰建筑有限责任公司	0.3851746	一级	内蒙古
70	中国核工业华兴建设有限公司	0.3788595	特级	核建
71	甘肃省建设投资(控股)集团总公司	0.3637454	特级	甘肃
72	河北建设集团有限公司	0.3634033	特级	河北
73	天元建设集团有限公司	0.3559465	特级	山东
74	宏润建设集团股份有限公司	0.3532760	一级	浙江
75	江苏南通六建建设集团有限公司	0.3532250	特级	江苏
76	中国京冶工程技术有限公司	0.3414018	一级	冶金
77	中建三局第二建设工程有限责任公司	0.3413694	一级	湖北
78	江苏盐城二建集团有限公司	0.3390915	特级	江苏
79	大连金广建设集团有限公司	0.3338759	特级	辽宁
80	北京市政建设集团有限责任公司	0.3336899	特级	北京
81	中国江苏国际经济技术合作公司	0.3281749	一级	江苏
82	南通华新建工集团有限公司	0.3269665	特级	江苏
83	通州建总集团有限公司	0.3240411	特级	江苏
84	上海市第四建筑有限公司	0.3240150	特级	上海

续表

排名	企业名称	竞争力指数	资质等级	省份/协会
85	中国三冶集团有限公司	0.3232457	一级	辽宁
86	南通建工集团股份有限公司	0.3196136	特级	江苏
87	江苏江中集团有限公司	0.3181102	特级	江苏
88	中交一航局第一工程有限公司	0.3174431	一级	水运
89	江苏沪宁钢机股份有限公司	0.3168200	一级	江苏
90	广西壮族自治区公路桥梁工程总公司	0.3127016	特级	广西
91	贵州建工集团有限公司	0.3115356	特级	贵州
92	烟建集团有限公司	0.3076952	特级	山东
93	中建新疆建工集团有限公司	0.3037270	特级	新疆
94	中启胶建集团有限公司	0.3024881	特级	山东
95	黑龙江省建工集团有限责任公司	0.3024311	特级	黑龙江
96	中建八局第二建设有限公司	0.3023029	一级	山东
97	潍坊昌大建设集团有限公司	0.2987367	一级	山东
98	北京韩建集团有限公司	0.2914290	特级	北京
99	宁夏建工集团有限公司	0.2873551	一级	宁夏
100	浙江中富建筑集团股份有限公司	0.2867425	特级	浙江

1.6.3.2 2010年度中国建筑业最具成长性企业百强排行榜

按照本章介绍的评审办法，中国建筑业协会组织进行了2010年度中国建筑业最具成长性企业百强评审工作，经评审确定的2010年度中国建筑业最具成长性企业百强排行榜如表1-11所列。

2010中国建筑业最具成长性企业百强排行榜 **表1-11**

排名	企业名称	成长性指数	资质等级	省份/协会
1	中建三局第三建筑工程有限责任公司	1.081615	一级	湖北
2	中国华冶科工集团有限公司	1.015894	一级	冶金
3	中化二建集团有限公司	0.987656	一级	化工
4	中建工业设备安装有限公司	0.929237	一级	江苏
5	浙江东宸建设控股集团有限公司	0.927309	一级	浙江
6	浙江省长城建设集团股份有限公司	0.891928	一级	浙江
7	广东省基础工程公司	0.811502	一级	广东

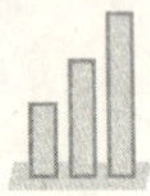

续表

排名	企业名称	成长性指数	资质等级	省份/协会
8	东方建设集团有限公司	0.804581	一级	浙江
9	中国石化集团南京工程有限公司	0.777454	一级	石化
10	陕西建工集团第五建筑工程有限公司	0.775540	一级	陕西
11	江苏邗建集团有限公司	0.763747	一级	江苏
12	山东淄建集团有限公司	0.760838	一级	山东
13	江苏省建筑工程集团有限公司	0.729990	一级	江苏
14	重庆恒滨建设(集团)有限公司	0.728864	一级	重庆
15	陕西路桥集团有限公司	0.703354	一级	陕西
16	华太建设集团有限公司	0.698935	一级	浙江
17	山东德建集团有限公司	0.696420	一级	山东
18	浙江鸿翔建设集团有限公司	0.672389	一级	浙江
19	胜利油田胜利工程建设(集团)有限责任公司	0.666708	一级	石化
20	江苏金土木建设集团有限公司	0.650776	一级	江苏
21	河南省大成建设工程有限公司	0.648866	一级	河南
22	中国石化集团第十建设公司	0.645995	一级	石化
23	中国水电建设集团十五工程局有限公司	0.639611	一级	陕西
24	四川省建筑机械化工程公司	0.637126	一级	四川
25	甘肃路桥建设集团有限公司	0.635950	一级	甘肃
26	凯翔集团有限公司	0.631764	一级	浙江
27	中城建第六工程局集团有限公司	0.618981	一级	安徽
28	陕西化建工程有限责任公司	0.609133	一级	陕西
29	威海建设集团股份有限公司	0.598331	一级	山东
30	天津三建建筑工程有限公司	0.593276	一级	天津
31	中交一航局第五工程有限公司	0.589442	一级	水运
32	攀钢集团冶金工程技术有限公司	0.582245	一级	四川
33	浙江宝盛建设集团有限公司	0.581732	一级	浙江
34	四川省第三建筑工程公司	0.578511	一级	四川
35	上海市机械施工有限公司	0.577205	一级	上海
36	广西建工集团第一建筑工程有限责任公司	0.570747	一级	广西

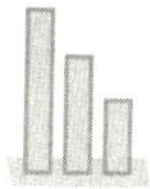

续表

排名	企业名称	成长性指数	资质等级	省份/协会
37	南京大地建设集团有限责任公司	0.562577	一级	江苏
38	浙江精工钢结构有限公司	0.556526	一级	浙江
39	安徽三建工程有限公司	0.551177	一级	安徽
40	陕西建工集团第一建筑工程有限公司	0.533952	一级	陕西
41	中国石化集团第四建设公司	0.529982	一级	石化
42	陕西省第三建筑工程公司	0.525590	一级	陕西
43	济南四建(集团)有限责任公司	0.516392	一级	山东
44	杭州建工集团有限责任公司	0.506825	一级	浙江
45	江西建工第一建筑有限责任公司	0.504999	一级	江西
46	恒元建设控股集团有限公司	0.502969	一级	浙江
47	南京宏亚建设集团有限公司	0.499054	一级	江苏
48	巨匠建设集团有限公司	0.494872	一级	浙江
49	中铁八局集团昆明铁路建设有限公司	0.489612	一级	云南
50	中国石油天然气第六建设公司	0.485791	一级	石油
51	本溪钢铁(集团)建设有限责任公司	0.485626	二级	辽宁
52	山东聊建集团有限公司	0.484077	一级	山东
53	常州第一建筑集团有限公司	0.483383	一级	江苏
54	广西壮族自治区冶金建设公司	0.482526	一级	广西
55	天保建设集团有限公司	0.480445	一级	河北
56	晟元集团有限公司	0.480412	一级	浙江
57	浙江省工业设备安装集团有限公司	0.480386	一级	浙江
58	重庆中科建设(集团)有限公司	0.476463	一级	重庆
59	标力建设集团有限公司	0.474044	一级	浙江
60	深圳市建工集团股份有限公司	0.471118	一级	广东
61	中国新兴建设保信总公司	0.471013	一级	北京
62	江西中恒建设集团有限公司	0.460645	一级	江西
63	山东兴润建设有限公司	0.459630	一级	山东
64	广东金辉华集团有限公司	0.457974	一级	广东
65	浙江天工建设集团有限公司	0.455089	一级	浙江
66	陕西建工集团第六建筑工程有限公司	0.443535	一级	陕西

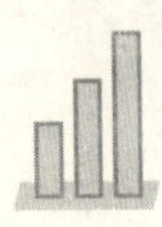

续表

排名	企业名称	成长性指数	资质等级	省份/协会
67	中国核工业第二四建设有限公司	0.442378	一级	核建
68	中建商品混凝土有限公司	0.436037	二级	湖北
69	云南建工第四建设有限公司	0.432747	一级	云南
70	安徽华力建设集团有限公司	0.431735	一级	安徽
71	山东潍坊建设集团股份公司	0.419650	一级	山东
72	浙江大经建设股份集团有限公司	0.419148	一级	浙江
73	中标建设集团有限公司	0.418148	一级	福建
74	山东三箭建设工程股份有限公司	0.410352	一级	山东
75	青岛海川建设集团有限公司	0.408860	一级	山东
76	重庆建安建设(集团)有限公司	0.408288	一级	重庆
77	北京天润建设有限公司	0.407751	一级	北京
78	海南省第二建筑工程公司	0.406311	一级	海南
79	天颂建设集团有限公司	0.403616	一级	浙江
80	宁夏电力建设工程公司	0.403589	一级	宁夏
81	东海建设集团有限公司	0.397358	一级	山东
82	重庆建工第三建设有限责任公司	0.397086	一级	重庆
83	陕西省第八建筑工程公司	0.394826	一级	陕西
84	北京建工四建工程建设有限公司	0.389137	一级	北京
85	浙江建安实业集团股份有限公司	0.386553	一级	浙江
86	陕西建工集团第七建筑工程有限公司	0.384815	一级	陕西
87	永升建设集团有限公司	0.377559	一级	新疆
88	江苏武进建筑安装工程有限公司	0.374422	一级	江苏
89	武汉市汉阳市政建设集团公司	0.373474	一级	湖北
90	深圳市宝鹰建设集团股份有限公司	0.372072	一级	广东
91	海南省第五建筑工程公司	0.370581	一级	海南
92	沈阳市政集团有限公司	0.361474	一级	辽宁
93	湖南省衡洲建设有限公司	0.357414	一级	湖南
94	铁法煤业集团建设工程有限责任公司	0.356623	一级	辽宁
95	长春新星宇建筑安装有限责任公司	0.352228	一级	吉林
96	山东宁建建设集团有限公司	0.351839	一级	山东

续表

排名	企业名称	成长性指数	资质等级	省份/协会
97	济南一建集团总公司	0.350704	一级	山东
98	浙江广宏建设有限公司	0.350082	一级	浙江
99	保定建业集团有限公司	0.345929	一级	河北
100	广东省第四建筑工程公司	0.345214	一级	广东

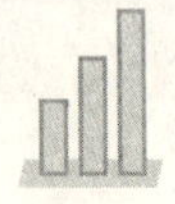

第2章　2010年度中国建筑业企业竞争力百强分析

2.1　竞争力百强总体情况

2.1.1　竞争力百强排行基本情况

2.1.1.1　竞争力百强竞争力指数分布情况

入选2010年度中国建筑业企业竞争力百强（以下简称竞争力百强）的100家企业中，中国葛洲坝集团股份有限公司以竞争力综合得分最高分2.3544704位居榜首。竞争力综合得分位列第二名到第十名的企业为：中国建筑第八工程局有限公司，中建三局建设工程股份有限公司，北京城建集团有限责任公司，北京建工集团有限责任公司，中国石油工程建设公司，中国石油天然气管道局，青建集团股份公司，中天建设集团有限公司和上海城建（集团）公司。竞争力百强各公司得分曲线如图2-1所示。从图2-1可以看出，排名前50家公司得分差距较大，相比之下后50家公司得分差距很小。说明前50家企业的竞争力差距较大，其他百强企业的竞争力差距相对较小。

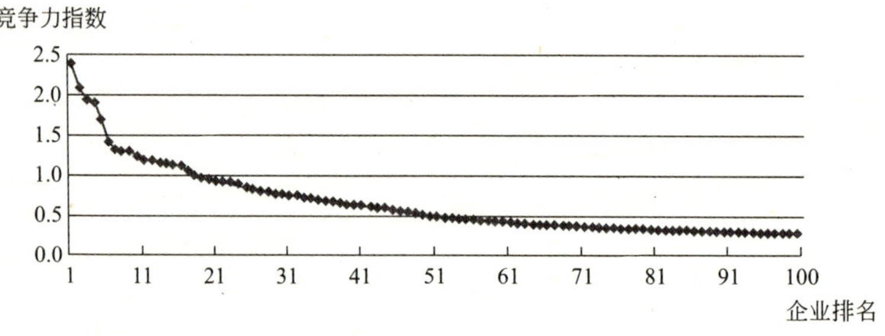

图2-1　竞争力百强竞争力指数曲线

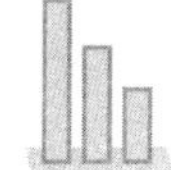

2.1.1.2　竞争力百强企业资质分布状况

从企业资质来看，入选竞争力百强的 100 家企业中，有特级资质企业 77 家，占竞争力百强企业的 77%，一级资质企业 23 家，占竞争力百强企业的 23%。特级资质的建筑企业占据了竞争力百强的四分之三，说明总体上看特级资质的建筑企业竞争力相对较强。

2.1.1.3　竞争力百强企业地区分布状况

从地区分布来看，入选竞争力百强的 100 家企业中，有 79 家地方企业，来自 26 个省、直辖市和自治区，如图 2-2 所示。其中江苏省企业入围数量为 18 家，占地方企业的 22.8%，名列第一；其次是浙江省，入围 9 家建筑企业，占地方百强入围企业的 11.4%；上海排在第三位，入围企业数量为 7 家，占地方百强入围企业的 8.9%；山东、北京分别排在第四位和第五位，入围企业数量为 6 家和 5 家，占百强地方入围企业的 7.6% 和 6.3%；其余 21 个地区的入围企业数量均不足 5 家，其中宁夏、新疆、黑龙江、甘肃、内蒙古、福建、云南、河南、山西、重庆、湖南等地区的入围企业只有 1 家。该情况说明，近年来我国东部经济发达地区的建筑业发展相对较好，比中西部地区建筑企业更具竞争力，中西部和东北地区等经济欠发达地区其建筑业的发展相对落后，综合竞争力得分较低，与发达地区省份的建筑企业相比差距较大，有必要在促进上述地区经济发展的同时注重建筑企业竞争力的有效提高，以更进一步刺激社会经济的繁荣发展，实现双赢的局面。

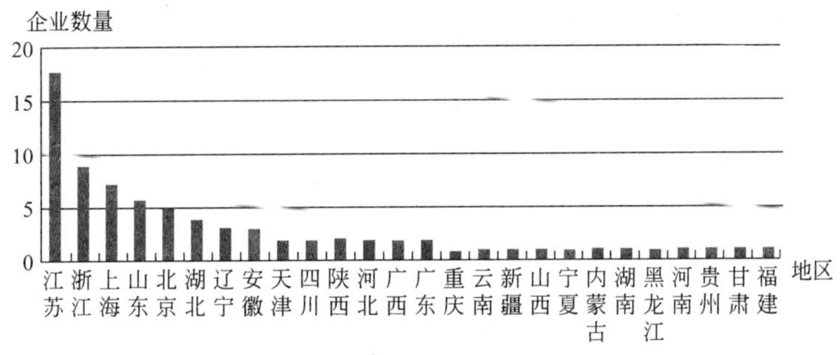

图 2-2　竞争力百强地区分布状况

2.1.1.4　竞争力百强企业行业分布状况

从行业分布来看，入选竞争力百强的 100 家企业中，有 21 家行业企业，占总入围企业数量的21%。其中，冶金行业所占企业数量最多，为6家，占行业入围企业的28.6%，占竞争力百强数量的6%；其次是水运行业，入围竞争力百强的企业有5家，占行业入围企业总数的23.8%，占竞争力百强的5%；排在第三位的是中建集团，有3家企业入围竞争力百强，占行业入围企业总数的14.3%，占竞争力百强数量的3%；铁路和石油行业各有2家企业入围竞争力百强；有色、新兴和核建行业分别有一家企业入围竞争力百强。参见图2-3。

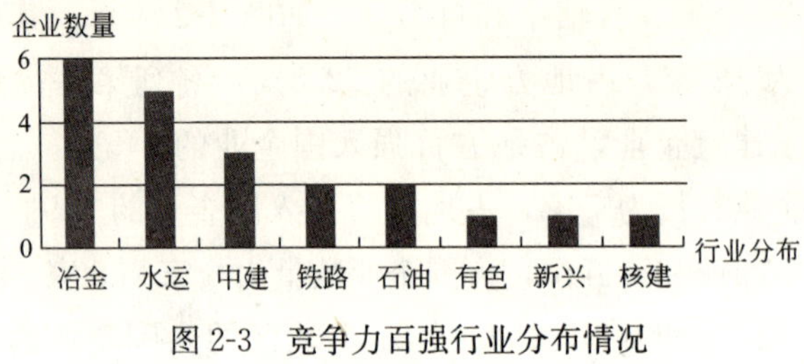

图2-3　竞争力百强行业分布情况

2.1.2　竞争力百强在建筑业发展中的作用

建筑业是我国国民经济中一个重要的支柱产业，在国家经济建设、社会发展中发挥着重要的作用。近几年，随着我国城市化进程的进一步加快，基础设施的大规模建设，建筑业企业之间的竞争日趋激烈，同时建筑业企业的快速发展也为我国建筑业支柱产业地位的巩固提供了坚实基础。2010年是“十一五”收官之年，在党中央、国务院有效应对国际金融危机、加快转变经济发展方式、调整经济结构、促进经济平稳较快发展等一系列政策作用下，全社会固定资产投资保持较快增长，建筑业在大规模投资拉动下，呈现平稳增长的态势。全国建筑业企业(指具有资质等级的总承包和专业承包建筑业企业，不含劳务分包建筑业企业)完成建筑业总产值96031.1亿元，比上年增加19223.4亿元，增长25.03%；房屋建筑施工面积70.80亿平方米，比上年增加11.94亿平方米，增长20.29%；房屋建筑竣工面积27.75亿平方米，比上年增加3.20亿平方米，增长13.06%；本年新签合同额为110358.89亿元，比上年增加25110.43亿元，增长29.46%；实现利润3409.07亿元，同比增长25.39%。到2010年底，全国共有建筑业企业71863个，比2009年增

加 1.48％；从业人数为 4160.44 万人，比 2009 年增长 13.28％；按建筑业总产值计算的劳动生产率为 203962 元/人，比 2009 年增长 10.20％。

建筑业的蓬勃发展一方面是得益于国家政策的有力支持，另一方面，竞争力百强的快速发展，在建筑业总体发展中也占有举足轻重的地位，发挥着行业引领的作用。

2.1.2.1　竞争力百强对全国建筑业总产值的贡献

据统计，竞争力百强 2008～2010 年建筑业总产值的实现情况为：2008 年实现 9353.44 亿元；2009 年实现 11568.98 亿元，比 2008 年增长 23.69％；2010 年实现 14772.66 亿元，比 2009 年增长 27.69％。图 2-4 给出了竞争力百强 2008～2010 年实现的建筑业总产值与当年全国建筑业实现的建筑业总产值的对比情况，图 2-5 则给出了竞争力百强 2008～2010 年实现的建筑业总产值占当年全国建筑业实现的建筑业总产值的比重情况。可以看出，竞争力百强对全国建筑业总产值的贡献总体上呈上升趋势。

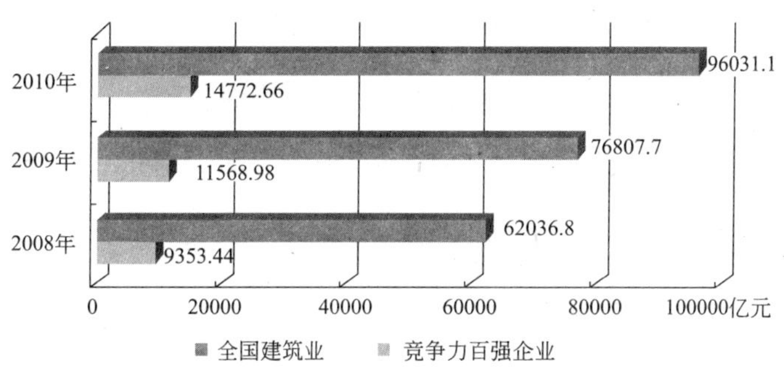

图 2-4　竞争力百强与全国建筑业 2008～2010 年实现的建筑业总产值

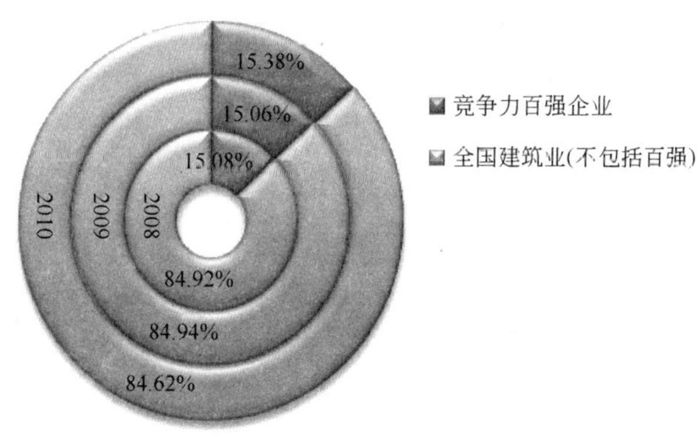

图 2-5　竞争力百强实现的建筑业总产值在全国建筑业中所占比重

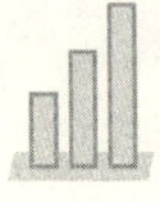

2.1.2.2 竞争力百强对全国建筑业利润总额的贡献

据统计，竞争力百强 2008～2010 年利润总额的实现情况为：2008 年实现 213.36 亿元；2009 年实现 297.67 亿元，比 2008 年增长 39.52%；2010 年实现 401.51 亿元，比 2009 年增长 34.88%。图 2-6 给出了竞争力百强 2008～2010 年实现的利润总额与当年全国建筑业实现的利润总额的对比情况，图 2-7 则给出了竞争力百强 2008～2010 年实现的利润总额占当年全国建筑业实现的利润总额的比重情况。可以看出，竞争力百强对全国建筑业利润总额的贡献总体上也呈上升趋势。

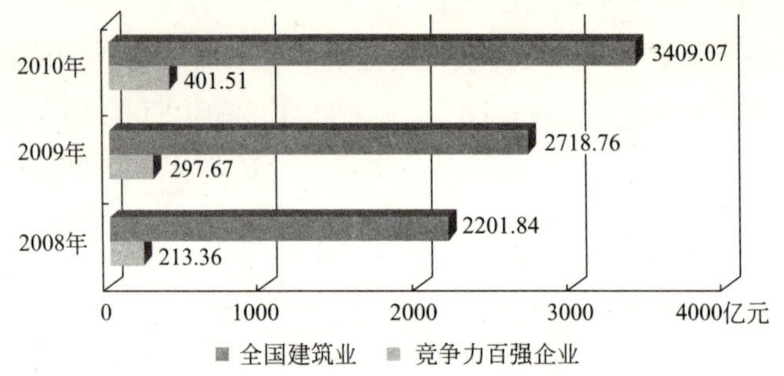

图 2-6 竞争力百强与全国建筑业 2008～2010 年实现的利润总额

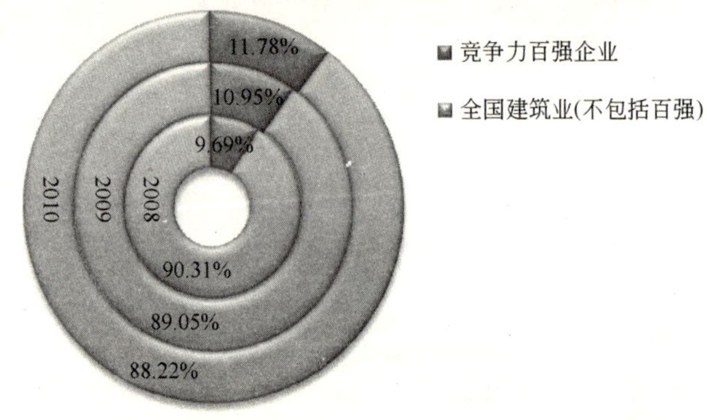

图 2-7 竞争力百强实现的利润总额在全国建筑业中所占比重

2.1.2.3 竞争力百强对全国建筑业新签合同额的贡献

据统计，竞争力百强 2008～2010 年新签合同额的实现情况为：2008 年新签合同 13014.19 亿元；2009 年新签合同 15790.58 亿元，比 2008 年增长 21.33%；2010 年新签合同 26707.99 亿元，比 2009 年增长

69.14%。图2-8给出了竞争力百强2008～2010年新签合同额与当年全国建筑业新签合同额的对比情况，图2-9则给出了竞争力百强2008～2010年新签合同额占当年全国建筑业新签合同额的比重情况。可以看出，竞争力百强对全国建筑业新签合同额的贡献总体上也呈上升趋势。

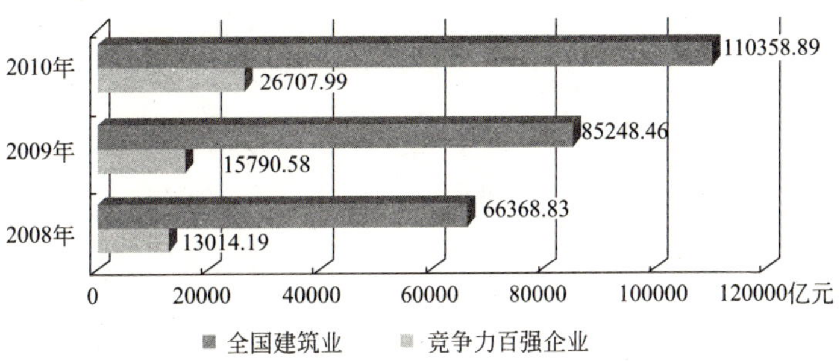

图2-8 竞争力百强与全国建筑业2008～2010年新签合同额

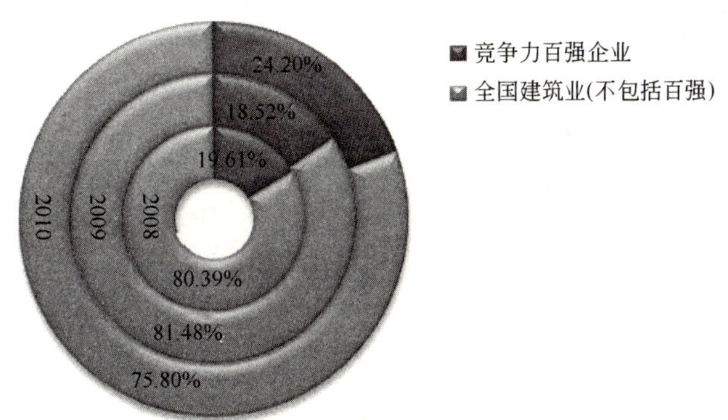

图2-9 竞争力百强新签合同额在全国建筑业中所占比重

2.2 竞争力百强规模分析

2.2.1 企业总收入指标分析

2.2.1.1 不同收入水平企业的分布状况

以2010年企业总收入作为分析的基础。入选竞争力百强的100家企业中，总收入超过500亿元的企业有2家，总收入在400亿元到500亿元之间的企业有2家，总收入在300亿元到400亿元之间的企业有5

家，总收入在200亿元到300亿元之间的企业有22家，总收入在100亿元到200亿元之间的企业有28家，总收入在100亿元以下的企业有41家。不同收入水平企业的数量分布及其企业总收入占竞争力百强企业总收入的比重，如图2-10所示。

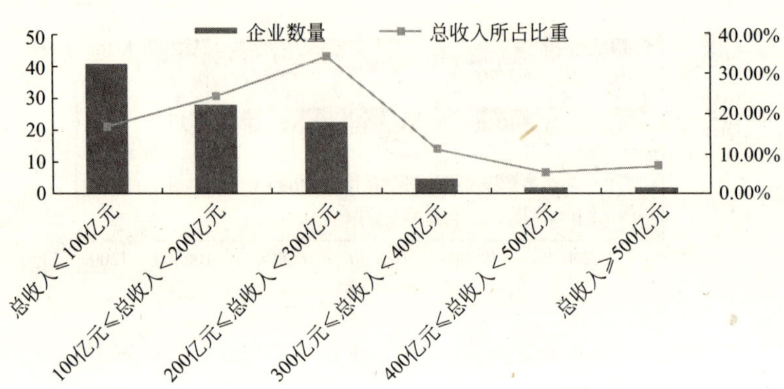

图2-10　不同收入水平企业的数量分布及其企业总收入占竞争力百强的比重

由图2-10可以看出，总收入超过500亿元的企业数量占竞争力百强的2%，但其企业总收入占到了竞争力百强的7.08%；总收入超过400亿元的企业数量占竞争力百强的4%，但其企业总收入占到了竞争力百强的12.69%；总收入超过300亿元的企业数量占竞争力百强的9%，但其企业总收入占到了竞争力百强的23.73%；总收入超过200亿元的企业数量占竞争力百强的31%，但其企业总收入占到了竞争力百强的58.29%。

2.2.1.2　企业总收入前10强

入选竞争力百强的100家企业中，以2010年企业总收入进行排序，位列前10名的企业如表2-1所示。

2010年企业总收入位列前10名的企业　　　　**表2-1**

序号	百强名次	企业名称	企业总收入(万元)
1	2	中国建筑第八工程局有限公司	5447137
2	3	中建三局建设工程股份有限公司	5326640
3	16	中铁一局集团有限公司	4465912
4	10	上海城建(集团)公司	4060800

续表

序号	百强名次	企业名称	企业总收入(万元)
5	1	中国葛洲坝集团股份有限公司	3704335
6	15	中交第一航务工程局有限公司	3650960
7	21	中铁电气化局集团有限公司	3291120
8	17	浙江省建设投资集团有限公司	3105163
9	6	中国石油工程建设公司	3040613
10	12	广厦建设集团有限责任公司	2994883

2010年总收入前10强企业的企业总收入总额为39087563万元，占竞争力百强企业总收入的25.70%，比前10强企业数量占比高出了15.70个百分点。

2.2.1.3　企业总收入增长情况分析

2008～2010年，竞争力百强企业总收入分别为9372.35亿元、11742.04亿元和15207.84亿元，呈现出逐年递增的态势，2009年和2010年增长率分别为25.28%和29.52%。

对比竞争力百强2009、2010两年的企业总收入数据，可以发现，竞争力百强中，只有9家企业的总收入出现了负增长，其余91家企业的总收入都有不同幅度的提高。企业总收入增量和增长率位列前10名的企业分别如表2-2、表2-3所示。

2010年企业总收入增量位列前10名的企业　　　表2-2

序号	百强名次	企业名称	企业总收入增量(万元)
1	3	中建三局建设工程股份有限公司	1720666
2	2	中国建筑第八工程局有限公司	1548537
3	1	中国葛洲坝集团股份有限公司	1012404
4	49	中铁建设集团有限公司	995921
5	10	上海城建(集团)公司	978909
6	15	中交第一航务工程局有限公司	977611
7	6	中国石油工程建设公司	910546
8	21	中铁电气化局集团有限公司	867805
9	45	成都建筑工程集团总公司	807100
10	37	中国建筑第七工程局有限公司	757149

2010年企业总收入增长率位列前10名的企业　　表2-3

序号	百强名次	企业名称	总收入增长率(%)
1	49	中铁建设集团有限公司	130.78
2	66	中国新兴建设开发总公司	112.75
3	50	浙江亚厦装饰股份有限公司	80.44
4	56	上海市第一建筑有限公司	73.25
5	69	内蒙古兴泰建筑有限责任公司	70.32
6	91	贵州建工集团有限公司	64.52
7	64	天津住宅集团建设工程总承包有限公司	64.12
8	52	南通建筑工程总承包有限公司	64.11
9	36	苏州金螳螂企业(集团)有限公司	61.93
10	31	中国二十二冶集团有限公司	56.88

2.2.2　建筑业总产值指标分析

2.2.2.1　不同建筑业总产值水平企业的分布状况

以2010年建筑业总产值作为分析基础。入选竞争力百强的100家企业中，建筑业总产值超500亿元的有2家，建筑业总产值在400亿元到500亿元之间的企业有1家，建筑业总产值在300亿元到400亿元之间的有6家，建筑业总产值在200亿元到300亿元之间的有18家，建筑业总产值在100亿元到200亿元之间的有31家，建筑业总产值在100亿元以下的有42家。不同建筑业总产值水平企业的数量分布及其建筑业总产值占竞争力百强建筑业总产值的比重，如图2-11所示。

由图2-11可知，建筑业总产值超500亿元的企业数量占竞争力百强的2%，但其建筑业总产值占竞争力百强的7.29%；建筑业总产值超400亿元的企业数量占竞争力百强的3%，但其建筑业总产值占竞争力百强的10.07%；建筑业总产值超300亿元的企业数量占竞争力百强的9%，但其建筑业总产值占竞争力百强的23.09%；建筑业总产值超200亿元的企业数量占竞争力百强的27%，但其建筑业总产值占竞争力百强的52.23%。

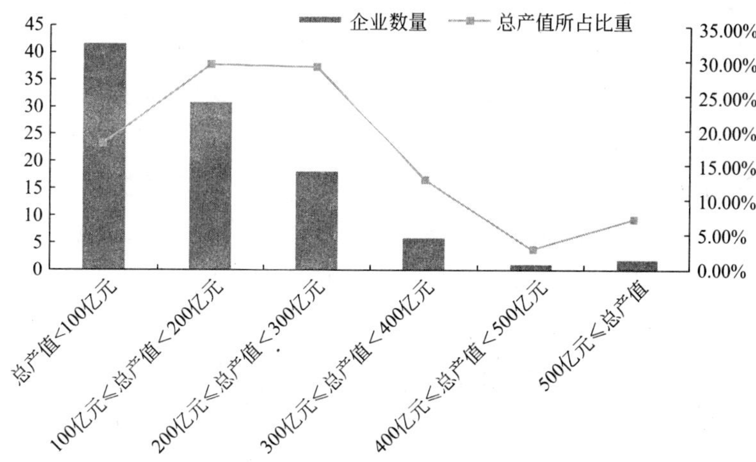

图 2-11 不同产值水平企业的数量分布及其建筑业总产值占竞争力百强比重

2.2.2.2 建筑业总产值前 10 强

入选竞争力百强的 100 家企业中，以 2010 年建筑业总产值进行排序，位列前 10 名的企业如表 2-4 所示。

2010 年建筑业总产值位列前 10 名的企业 **表 2-4**

序号	百强名次	企业名称	建筑业总产值(万元)
1	2	中国建筑第八工程局有限公司	5447137
2	3	中建三局建设工程股份有限公司	5320642
3	16	中铁一局集团有限公司	4110739
4	17	浙江省建设投资集团有限公司	3380829
5	13	湖南省建筑工程集团总公司	3332500
6	15	中交第一航务工程局有限公司	3323029
7	6	中国石油工程建设公司	3114665
8	10	上海城建(集团)公司	3059162
9	21	中铁电气化局集团有限公司	3016617
10	12	广厦建设集团有限责任公司	2994883

2010 年建筑业总产值前 10 强企业的建筑业总产值总额为 37100203 万元，占竞争力百强建筑业总产值的 25.11%，比前 10 强企业数量占比高出了 15.11 个百分点。

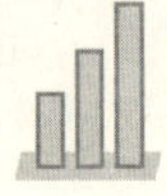

2.2.2.3 建筑业总产值增长情况分析

2008～2010年，竞争力百强建筑业总产值分别为9353.44亿元、11568.98亿元和14772.66亿元，呈现出逐年递增的态势，2009年和2010年增长率分别为23.69%和27.69%。

对比竞争力百强2009、2010两年的建筑业总产值数据可以发现，只有7家企业的建筑业总产值出现了负增长，其余93家企业的建筑业总产值都有不同幅度的提高。建筑业总产值增量和增长率位列前10名的企业分别如表2-5、表2-6所示。

2010年建筑业总产值增量位列前10名的企业　　表2-5

序号	百强名次	企业名称	建筑业总产值增量(万元)
1	3	中建三局建设工程股份有限公司	1720707
2	2	中国建筑第八工程局有限公司	1548537
3	6	中国石油工程建设公司	1087775
4	49	中铁建设集团有限公司	1002942
5	30	中国华西企业股份有限公司	876303
6	15	中交第一航务工程局有限公司	846207
7	16	中铁一局集团有限公司	805239
8	21	中铁电气化局集团有限公司	791830
9	13	湖南省建筑工程集团总公司	790270
10	9	中天建设集团有限公司	773700

2010年建筑业总产值增长率位列前10名的企业　　表2-6

序号	百强名次	企业名称	建筑业总产值增长率(%)
1	49	中铁建设集团有限公司	133.71
2	66	中国新兴建设开发总公司	98.41
3	50	浙江亚厦装饰股份有限公司	83.59
4	69	内蒙古兴泰建筑有限责任公司	70.32
5	36	苏州金螳螂企业(集团)有限公司	68.99
6	91	贵州建工集团有限公司	64.80
7	52	南通建筑工程总承包有限公司	63.80
8	64	天津住宅集团建设工程总承包有限公司	54.34
9	6	中国石油工程建设公司	53.67
10	42	中煤矿山建设集团	51.44

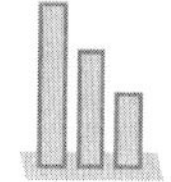

2.2.3　境外完成产值指标分析

2.2.3.1　不同境外完成产值水平企业的分布状况

以2010年境外完成产值作为分析基础。入选竞争力百强的100家企业中，境外完成产值超过200亿元的有1家，境外完成产值在50亿元到200亿元之间的有4家，境外完成产值在10亿元到50亿元之间的有19家，境外完成产值在1亿元到10亿元之间的有40家，境外完成产值在1亿元以下的有14家，没有境外产值完成额的企业有22家。不同境外完成产值水平企业的数量分布及其境外完成产值占竞争力百强境外完成产值的比重，如图2-12所示。

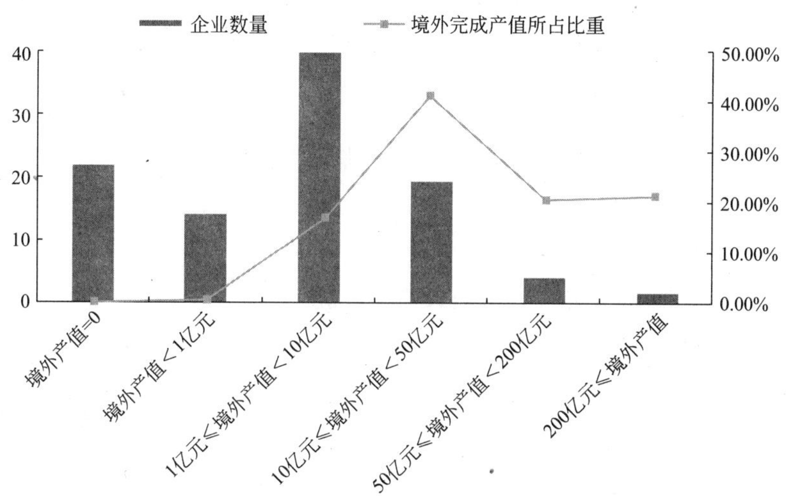

图2-12　不同境外完成产值水平企业数量分布及其境外完成产值占竞争力百强企业的比重

由图2-12可知，境外完成产值超过200亿元的企业数量占竞争力百强的1%，但其境外完成产值占竞争力百强的21.16%；境外完成产值超过50亿元的企业数量占竞争力百强的5%，但其境外完成产值占竞争力百强的41.78%；境外完成产值超过10亿元的企业数量占竞争力百强的24%，但其境外完成产值占竞争力百强的83.22%。

2.2.3.2　境外完成产值前10强

入选竞争力百强的100家企业中，以2010年境外完成产值进行排

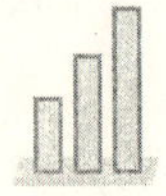

序，位列前10名的企业如表2-7所示。

2010年境外完成产值位列前10名的企业 表2-7

序号	百强名次	企业名称	境外完成产值(万元)
1	6	中国石油工程建设公司	2353210
2	42	中煤矿山建设集团	621892
3	1	中国葛洲坝集团股份有限公司	583610
4	2	中国建筑第八工程局有限公司	576686
5	8	青建集团股份公司	511046
6	5	北京建工集团有限责任公司	458384
7	3	中建三局建设工程股份有限公司	430860
8	29	中交第四航务工程局有限公司	378660
9	81	中国江苏国际经济技术合作公司	367958
10	52	南通建筑工程总承包有限公司	315500

2010年境外完成产值前10强企业的境外完成产值总额为6597806万元，占竞争力百强企业境外完成产值的59.32%，比前10强企业数量占比高出了49.32个百分点。

2.2.3.3 境外完成产值增长情况分析

2008～2010年，竞争力百强境外完成产值分别为539.66亿元、867.10亿元和1112.33亿元，呈现出逐年递增的态势，2009年和2010年增长率分别为60.68%和28.28%。

对比竞争力百强2009、2010两年的境外完成产值数据可知，竞争力百强拥有境外完成产值的78家企业中，有24家的境外完成产值出现负增长，其余54家的境外完成产值均有不同幅度的提高。境外完成产值增量和增长率位列前10名的企业分别如表2-8、表2-9所示。

2010年境外完成产值增量位列前10名的企业 表2-8

序号	百强名次	企业名称	境外完成产值增量(万元)
1	6	中国石油工程建设公司	923733
2	52	南通建筑工程总承包有限公司	305180
3	2	中国建筑第八工程局有限公司	251868
4	23	中交第三航务工程局有限公司	186404

续表

序号	百强名次	企业名称	境外完成产值增量(万元)
5	56	上海市第一建筑有限公司	184350
6	42	中煤矿山建设集团	153694
7	8	青建集团股份公司	132455
8	15	中交第一航务工程局有限公司	118787
9	63	中国十五冶金建设集团有限公司	113907
10	53	中铁九局集团有限公司	90682

2010 年境外完成产值增长率位列前 10 名的企业　　表 2-9

序号	百强名次	企业名称	境外完成产值增长率(%)
1	52	南通建筑工程总承包有限公司	2957.17
2	53	中铁九局集团有限公司	1882.15
3	16	中铁一局集团有限公司	912.43
4	23	中交第三航务工程局有限公司	651.00
5	56	上海市第一建筑有限公司	534.84
6	43	中国二十冶集团有限公司	371.39
7	88	中交一航局第一工程有限公司	277.87
8	96	中建八局第二建设有限公司	140.06
9	73	天元建设集团有限公司	125.00
10	4	北京城建集团有限责任公司	115.56

2.2.4　新签合同额指标分析

2.2.4.1　不同新签合同额水平企业的分布状况

以 2010 年新签合同额作为分析的基础。入选竞争力百强的 100 家企业中，新签合同额超过 5000 亿元的企业有 1 家，新签合同额在 1000 亿元到 5000 亿元之间的企业有 2 家，新签合同额在 500 亿元到 1000 亿元之间的企业有 3 家，新签合同额在 100 亿元到 500 亿元之间的企业有 60 家，新签合同额在 100 亿元以下的企业有 34 家。不同新签合同额水平企业的数量分布及其新签合同额占竞争力百强企业新签合同额的比重，如图 2-13 所示。

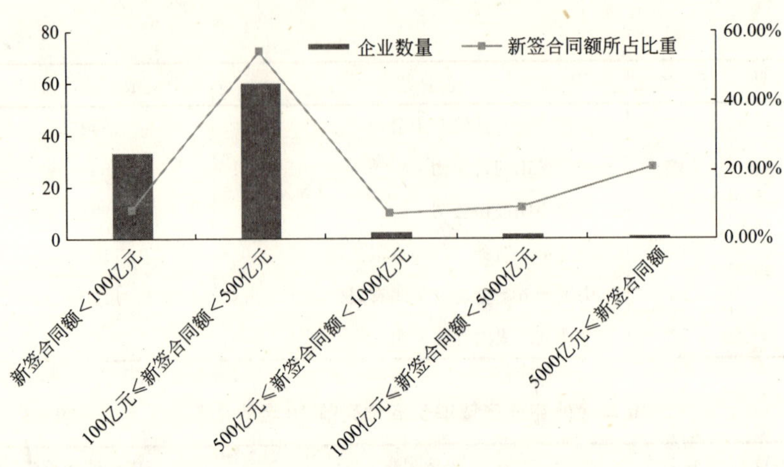

图 2-13　不同新签合同额水平企业的数量分布及其新签合同额占竞争力百强的比重

由图 2-13 可以看出，新签合同额超过 5000 亿元的企业数量占竞争力百强的 1%，但其新签合同额占到了竞争力百强的 20.65%；新签合同额超过 1000 亿元的企业数量占竞争力百强的 3%，但其新签合同额占到了竞争力百强的 30.17%；新签合同额超过 500 亿元的企业数量占竞争力百强的 6%，但其新签合同额占到了竞争力百强的 37.68%；新签合同额超过 100 亿元的企业数量占竞争力百强的 66%，但其新签合同额占到了竞争力百强的 91.38%。

2.2.4.2　新签合同额前 10 强

入选竞争力百强的 100 家企业中，以 2010 年新签合同额进行排序，位列前 10 名的企业如表 2-10 所示。

2010 年新签合同额位列前 10 名的企业　　**表 2-10**

序号	百强名次	企业名称	新签合同额(万元)
1	1	中国葛洲坝集团股份有限公司	55161000
2	20	中国建筑第四工程局有限公司	12755665
3	3	中建三局建设工程股份有限公司	12672935
4	2	中国建筑第八工程局有限公司	9254300
5	16	中铁一局集团有限公司	5730325
6	5	北京建工集团有限责任公司	5050457

续表

序号	百强名次	企业名称	新签合同额(万元)
7	15	中交第一航务工程局有限公司	4553663
8	37	中国建筑第七工程局有限公司	4490062
9	19	重庆建工集团股份有限公司	4413520
10	21	中铁电气化局集团有限公司	4327524

2010年新签合同额前10强企业的新签合同总额为118409451万元，占竞争力百强企业新签合同额的44.33%，比前10强企业数量占比高出了34.33个百分点。

2.2.4.3　新签合同额增长情况分析

2008～2010年，竞争力百强新签合同额分别为13014.19亿元、15790.58亿元和26707.99亿元，呈现出逐年递增的态势，2009年和2010年增长率分别为21.33%和69.14%。

对比竞争力百强2009、2010两年的新签合同额数据可以发现，竞争力百强中，只有9家企业的新签合同额出现了负增长，其余91家企业的新签合同额都有不同幅度的提高。新签合同额增量和增长率位列前10名的企业分别如表2-11、表2-12所示。

2010年新签合同额增量位列前10名的企业　　表2-11

序号	百强名次	企业名称	新签合同额增量(万元)
1	1	中国葛洲坝集团股份有限公司	50972357
2	20	中国建筑第四工程局有限公司	7490763
3	3	中建三局建设工程股份有限公司	7172504
4	2	中国建筑第八工程局有限公司	3529389
5	37	中国建筑第七工程局有限公司	1858463
6	85	中国三冶集团有限公司	1441253
7	30	中国华西企业股份有限公司	1406263
8	19	重庆建工集团股份有限公司	1322219
9	39	陕西建工集团总公司	1217900
10	78	江苏盐城二建集团有限公司	1186877

2010年新签合同额增长率位列前10名的企业 **表2-12**

序号	百强名次	企业名称	新签合同额增长率（%）
1	1	中国葛洲坝集团股份有限公司	1216.92
2	78	江苏盐城二建集团有限公司	1030.96
3	85	中国三冶集团有限公司	197.30
4	20	中国建筑第四工程局有限公司	142.28
5	3	中建三局建设工程股份有限公司	130.40
6	75	江苏南通六建建设集团有限公司	125.22
7	82	南通华新建工集团有限公司	122.04
8	50	浙江亚厦装饰股份有限公司	121.56
9	98	北京韩建集团有限公司	111.34
10	77	中建三局第二建设工程有限责任公司	96.97

2.2.5 总资产指标分析

2.2.5.1 不同总资产水平企业的分布状况

以2010年总资产作为分析的基础。入选竞争力百强的100家企业中，总资产超过500亿元的企业有1家，总资产在400亿元到500亿元之间的企业有2家，总资产在300亿元到400亿元之间的企业有2家，总资产在200亿元到300亿元之间的企业有12家，总资产在100亿元到200亿元之间的企业有25家，总资产在100亿元以下的企业有58家。不同总资产水平企业的数量分布及其总资产占竞争力百强总资产的比重，如图2-14所示。

由图2-14可以看出，总资产超过500亿元的企业数量占竞争力百强的1%，但其总资产占到了竞争力百强的4.89%；总资产超过400亿元的企业数量占竞争力百强的3%，但其总资产占到了竞争力百强的12.49%；总资产超过300亿元的企业数量占竞争力百强的5%，但其总资产占到了竞争力百强的18.34%；总资产超过200亿元的企业数量占竞争力百强的17%，但其总资产占到了竞争力百强的44.32%。

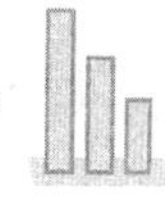

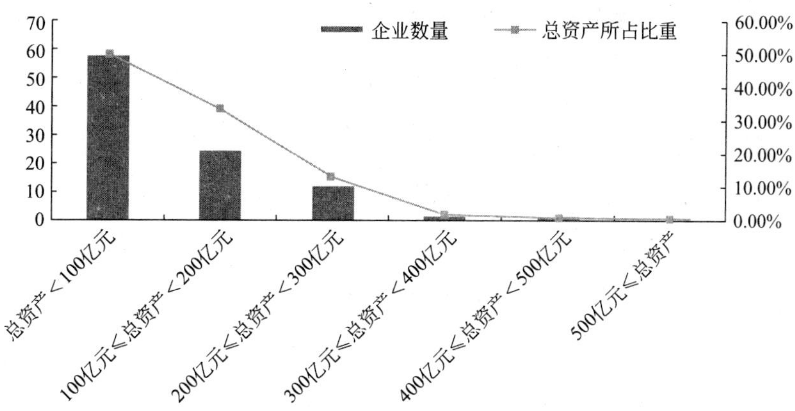

图 2-14 不同总资产水平企业的数量分布及其总资产占竞争力百强的比重

2.2.5.2 总资产前 10 强

入选竞争力百强的 100 家企业中，以 2010 年总资产进行排序，位列前 10 名的企业如表 2-13 所示。

2010 年总资产位列前 10 名的企业 **表 2-13**

序号	百强名次	企业名称	总资产(万元)
1	1	中国葛洲坝集团股份有限公司	5583197
2	10	上海城建(集团)公司	4406170
3	4	北京城建集团有限责任公司	4276699
4	2	中国建筑第八工程局有限公司	3364452
5	19	重庆建工集团股份有限公司	3326109
6	3	中建三局建设工程股份有限公司	2993970
7	15	中交第一航务工程局有限公司	2993724
8	5	北京建工集团有限责任公司	2796340
9	45	成都建筑工程集团总公司	2768545
10	7	中国石油天然气管道局	2725519

2010 年总资产前 10 强企业的总资产总额为 35234725 万元，占竞争力百强企业总资产的 30.84%，比前 10 强企业数量占比高出了 20.84 个百分点。

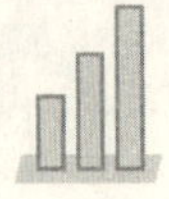

2.2.5.3 总资产增长情况分析

2008～2010年，竞争力百强总资产分别为7304.74亿元、9155.90亿元和11424.10亿元，呈现出逐年递增的态势，2009年和2010年增长率分别为25.34%和24.77%。

对比竞争力百强2009、2010两年的总资产数据可以发现，竞争力百强中，只有6家企业的总资产出现了负增长，其余94家企业的总资产都有不同幅度的提高。企业总资产增量和增长率位列前10名的企业分别如表2-14、表2-15所示。

2010年总资产增量位列前10名的企业　　表2-14

序号	百强名次	企业名称	总资产增量(万元)
1	1	中国葛洲坝集团股份有限公司	1263102
2	34	中国五冶集团有限公司	1024841
3	10	上海城建(集团)公司	852761
4	6	中国石油工程建设公司	848224
5	3	中建三局建设工程股份有限公司	786316
6	19	重庆建工集团股份有限公司	766327
7	2	中国建筑第八工程局有限公司	765484
8	17	浙江省建设投资集团有限公司	715878
9	5	北京建工集团有限责任公司	701110
10	45	成都建筑工程集团总公司	680855

2010年总资产增长率位列前10名的企业　　表2-15

序号	百强名次	企业名称	总资产增长率(%)
1	34	中国五冶集团有限公司	1289.16
2	50	浙江亚厦装饰股份有限公司	178.16
3	90	广西壮族自治区公路桥梁工程总公司	87.35
4	92	烟建集团有限公司	85.02
5	49	中铁建设集团有限公司	77.49
6	37	中国建筑第七工程局有限公司	57.98
7	17	浙江省建设投资集团有限公司	52.05
8	69	内蒙古兴泰建筑有限责任公司	51.00
9	6	中国石油工程建设公司	50.09
10	61	安徽省外经建设集团有限公司	45.89

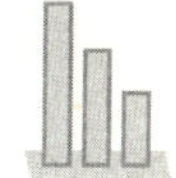

2.2.6　净资产指标分析

2.2.6.1　不同净资产水平企业的分布状况

以2010年净资产作为分析的基础。入选竞争力百强的100家企业中，净资产超过200亿元的企业有1家，净资产在100亿元到200亿元之间的企业有3家，净资产在50亿元到100亿元之间的企业有3家，净资产在10亿元到50亿元之间的企业有61家，净资产在10亿元以下的企业有32家。不同净资产水平企业的数量分布及其净资产占竞争力百强净资产的比重，如图2-15所示。

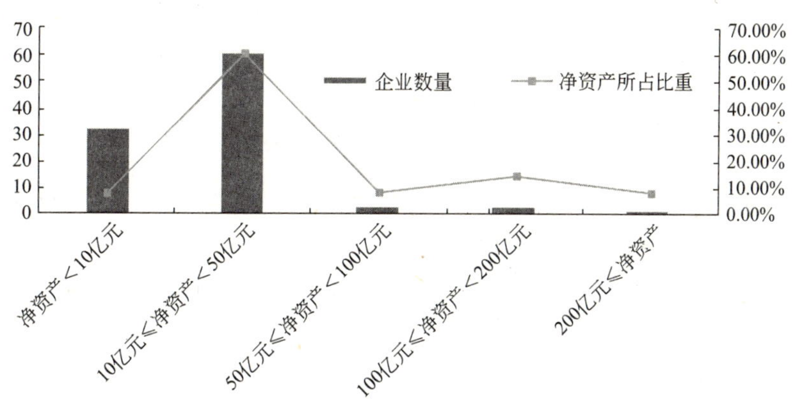

图2-15　不同净资产水平企业的数量分布及其净资产占竞争力百强企业的比重

由图2-15可以看出，净资产超过200亿元的企业数量占竞争力百强的1%，但其净资产占到了竞争力百强的9.13%；净资产超过100亿元的企业数量占竞争力百强的4%，但其净资产占到了竞争力百强的23.69%；净资产超过50亿元的企业数量占竞争力百强的7%，但其净资产占到了竞争力百强的32.16%；净资产超过10亿元的企业数量占竞争力百强的68%，但其净资产占到了竞争力百强的91.51%。

2.2.6.2　净资产前10强

入选竞争力百强的100家企业中，以2010年净资产进行排序，位列前10名的企业如表2-16所示。

2010年净资产位列前10名的企业 **表2-16**

序号	百强名次	企业名称	净资产(万元)
1	8	青建集团股份公司	2148177
2	1	中国葛洲坝集团股份有限公司	1252871
3	7	中国石油天然气管道局	1152972
4	10	上海城建(集团)公司	1019093
5	24	中交上海航道局有限公司	709283
6	48	中交广州航道局有限公司	663312
7	4	北京城建集团有限责任公司	619383
8	3	中建三局建设工程股份有限公司	488419
9	25	上海隧道工程股份有限公司	446093
10	18	江苏南通二建集团有限公司	438645

2010年净资产前10强企业的净资产总额为8938248万元，占竞争力百强企业净资产的38.00%，比前10强企业数量占比高出了28个百分点。

2.2.6.3 净资产增长情况分析

2008～2010年，竞争力百强企业净资产分别为1620.37亿元、1835.56亿元和2352.04亿元，呈现出逐年递增的态势，2009年和2010年增长率分别为13.28%和28.14%。

对比竞争力百强2009、2010两年的净资产数据可以发现，竞争力百强中，只有6家企业的净资产出现了负增长，其余94家企业的净资产都有不同幅度的提高。净资产增量和增长率位列前10名的企业分别如表2-17、表2-18所示。

2010年净资产增量位列前10名的企业 **表2-17**

序号	百强名次	企业名称	净资产增量(万元)
1	8	青建集团股份公司	1959640
2	1	中国葛洲坝集团股份有限公司	381771
3	50	浙江亚厦装饰股份有限公司	188953
4	16	中铁一局集团有限公司	130877
5	3	中建三局建设工程股份有限公司	130642
6	45	成都建筑工程集团总公司	126703

续表

序号	百强名次	企业名称	净资产增量(万元)
7	10	上海城建(集团)公司	121632
8	7	中国石油天然气管道局	120430
9	6	中国石油工程建设公司	119024
10	18	江苏南通二建集团有限公司	102666

2010年净资产增长率位列前10名的企业 **表2-18**

序号	百强名次	企业名称	净资产增长率(%)
1	8	青建集团股份公司	1039.39
2	50	浙江亚厦装饰股份有限公司	361.25
3	90	广西壮族自治区公路桥梁工程总公司	112.16
4	34	中国五冶集团有限公司	64.62
5	16	中铁一局集团有限公司	61.48
6	53	中铁九局集团有限公司	49.56
7	45	成都建筑工程集团总公司	48.00
8	77	中建三局第二建设工程有限责任公司	44.97
9	78	江苏盐城二建集团有限公司	43.89
10	1	中国葛洲坝集团股份有限公司	43.83

2.3 竞争力百强效益分析

2.3.1 利润总额指标分析

2.3.1.1 不同利润总额水平企业的分布状况

以2010年利润总额作为分析的基础。入选竞争力百强的100家企业中，利润总额在15亿元到20亿元之间的企业有2家，利润总额在10亿元到15亿元之间的企业有7家，利润总额在5亿元到10亿元之间的企业有16家，利润总额在1亿元到5亿元之间的企业有61家，利润总额在1亿元以下的企业有14家。不同利润总额水平企业的数量分布及其利润总额占竞争力百强企业利润总额的比重，如图2-16所示。

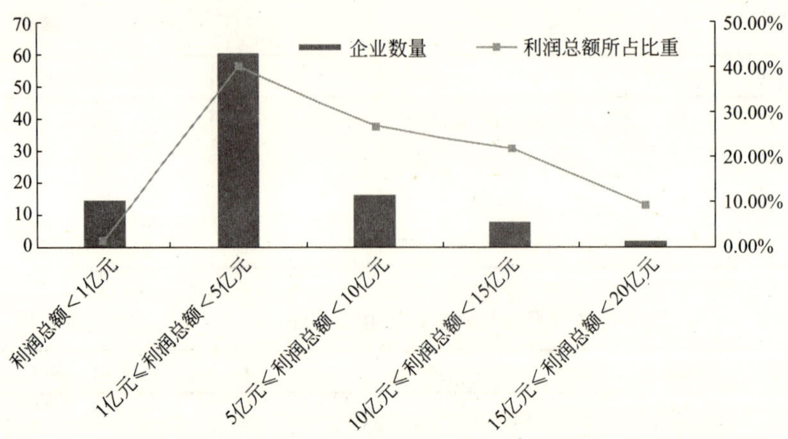

图 2-16 不同利润总额水平企业数量分布及其利润总额占竞争力百强的比重

由图 2-16 可以看出，利润总额超过 15 亿元的企业数量占竞争力百强的 2%，但其利润总额占到了竞争力百强的 8.81%；利润总额超过 10 亿元的企业数量占竞争力百强的 9%，但其利润总额占到了竞争力百强的 30.58%；利润总额超过 5 亿元的企业数量占竞争力百强的 25%，但其利润总额占到了竞争力百强的 57.41%；利润总额超过 1 亿元的企业数量占竞争力百强的 86%，但其利润总额占到了竞争力百强的 98.04%。

2.3.1.2 利润总额前 10 强

入选竞争力百强的 100 家企业中，以 2010 年利润总额进行排序，位列前 10 名的企业如表 2-19 所示。

2010 年利润总额位列前 10 名的企业　　表 2-19

序号	百强名次	企业名称	利润总额(万元)
1	1	中国葛洲坝集团股份有限公司	199107
2	4	北京城建集团有限责任公司	154645
3	10	上海城建(集团)公司	147907
4	24	中交上海航道局有限公司	130991
5	18	江苏南通二建集团有限公司	129782
6	2	中国建筑第八工程局有限公司	128162
7	6	中国石油工程建设公司	122516

续表

序号	百强名次	企业名称	利润总额(万元)
8	3	中建三局建设工程股份有限公司	112686
9	20	中国建筑第四工程局有限公司	102105
10	15	中交第一航务工程局有限公司	95557

2010 年利润总额前 10 强企业的利润总额为 1323458 万元，占竞争力百强企业利润总额的 32.96%，比前 10 强企业数量占比高出了 22.96 个百分点。

2.3.1.3 利润总额增长情况分析

2008～2010 年，竞争力百强企业利润总额分别为 213.36 亿元、297.67 亿元和 401.51 亿元，呈现出逐年递增的态势，2009 年和 2010 年增长率分别为 39.52%和 34.88%。

对比竞争力百强 2009、2010 两年的利润总额数据可以发现，竞争力百强中，只有 9 家企业的利润总额出现了负增长，其余 91 家企业的利润总额都有不同幅度的提高。利润总额增量和增长率位列前 10 名的企业分别如表 2-20、表 2-21 所示。

2010 年利润总额增量位列前 10 名的企业　　表 2-20

序号	百强名次	企业名称	利润总额增量(万元)
1	4	北京城建集团有限责任公司	62301
2	10	上海城建(集团)公司	58846
3	18	江苏南通二建集团有限公司	56839
4	20	中国建筑第四工程局有限公司	51340
5	2	中国建筑第八工程局有限公司	48017
6	3	中建三局建设工程股份有限公司	47480
7	1	中国葛洲坝集团股份有限公司	44579
8	48	中交广州航道局有限公司	41215
9	6	中国石油工程建设公司	37937
10	33	安徽建工集团有限公司	31347

2010年利润总额增长率位列前10名的企业　　表2-21

序号	百强名次	企业名称	利润总额增长率(%)
1	91	贵州建工集团有限公司	339.09
2	33	安徽建工集团有限公司	197.35
3	80	北京市政建设集团有限责任公司	125.71
4	86	南通建工集团股份有限公司	123.32
5	77	中建三局第二建设工程有限责任公司	122.74
6	92	烟建集团有限公司	122.04
7	32	天津市建工集团(控股)有限公司	117.87
8	36	苏州金螳螂企业(集团)有限公司	104.52
9	20	中国建筑第四工程局有限公司	101.13
10	49	中铁建设集团有限公司	99.15

2.3.2　净利润指标分析

2.3.2.1　不同净利润水平企业的分布状况

以2010年净利润作为分析的基础。入选竞争力百强的100家企业中，净利润在15亿元以上的企业有1家，净利润在10亿元到15亿元之间的企业有2家，净利润在5亿元到10亿元之间的企业有14家，净利润在1亿元到5亿元之间的企业有63家，净利润在1亿元以下的企业有20家。不同净利润水平企业的数量分布及其净利润占竞争力百强企业净利润的比重，如图2-17所示。

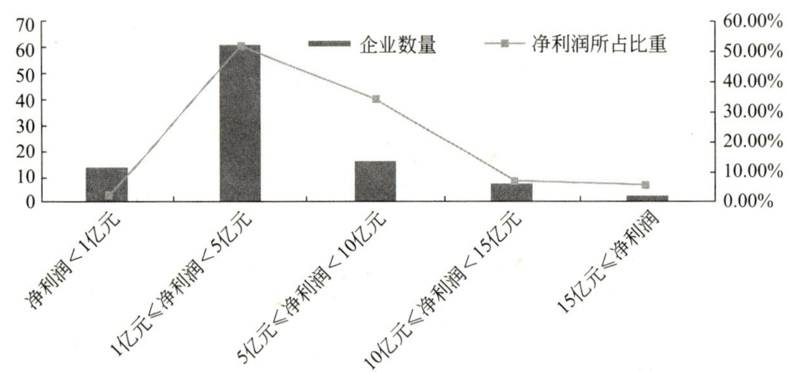

图2-17　不同净利润水平企业数量分布及其净利润占竞争力百强的比重

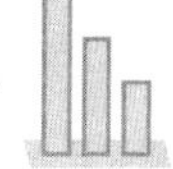

由图2-17可以看出，净利润超过15亿元的企业数量占竞争力百强的1%，但其净利润占到了竞争力百强的5.03%；净利润超过10亿元的企业数量占竞争力百强的3%，但其净利润占到了竞争力百强的12.00%；净利润超过5亿元的企业数量占竞争力百强的17%，但其净利润占到了竞争力百强的46.29%；净利润超过1亿元的企业数量占竞争力百强的80%，但其净利润占到了竞争力百强的96.49%。

2.3.2.2　净利润前10强

入选竞争力百强的100家企业中，以2010年净利润进行排序，位列前10名的企业如表2-22所示。

2010年净利润位列前10名的企业　　　　表2-22

序号	百强名次	企业名称	净利润(万元)
1	1	中国葛洲坝集团股份有限公司	154111
2	10	上海城建(集团)公司	112155
3	24	中交上海航道局有限公司	101281
4	4	北京城建集团有限责任公司	99057
5	18	江苏南通二建集团有限公司	97705
6	2	中国建筑第八工程局有限公司	95503
7	3	中建三局建设工程股份有限公司	94623
8	20	中国建筑第四工程局有限公司	80236
9	6	中国石油工程建设公司	78217
10	15	中交第一航务工程局有限公司	72936

2010年净利润前10强企业的净利润为985824万元，占竞争力百强净利润的32.19%，比前10强企业数量占比高出了22.19个百分点。

2.3.2.3　净利润增长情况分析

2008～2010年，竞争力百强净利润分别为164.39亿元、228.10亿元和306.24亿元，呈现出逐年递增的态势，2009年和2010年增长率分别为38.76%和34.26%。

对比竞争力百强2009、2010两年的净利润数据可以发现，竞争力百强中，只有9家企业的净利润出现了负增长，其余91家企业的净利润都有不同幅度的提高。净利润增量和增长率位列前10名的企业分别

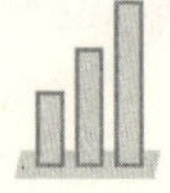

如表 2-23、表 2-24 所示。

2010 年净利润增量位列前 10 名的企业 **表 2-23**

序号	百强名次	企业名称	净利润增量(万元)
1	10	上海城建(集团)公司	47790
2	4	北京城建集团有限责任公司	43923
3	20	中国建筑第四工程局有限公司	43210
4	3	中建三局建设工程股份有限公司	41164
5	18	江苏南通二建集团有限公司	39804
6	48	中交广州航道局有限公司	38762
7	2	中国建筑第八工程局有限公司	35287
8	36	苏州金螳螂企业(集团)有限公司	22768
9	33	安徽建工集团有限公司	22723
10	1	中国葛洲坝集团股份有限公司	22143

2010 年净利润增长率位列前 10 名的企业 **表 2-24**

序号	百强名次	企业名称	净利润增长率(%)
1	91	贵州建工集团有限公司	386.25
2	80	北京市政建设集团有限责任公司	170.51
3	33	安徽建工集团有限公司	166.85
4	86	南通建工集团股份有限公司	158.10
5	32	天津市建工集团(控股)有限公司	135.57
6	66	中国新兴建设开发总公司	129.97
7	77	中建三局第二建设工程有限责任公司	128.36
8	92	烟建集团有限公司	122.85
9	48	中交广州航道局有限公司	122.66
10	20	中国建筑第四工程局有限公司	116.70

2.3.3 上缴营业税指标分析

2.3.3.1 不同上缴营业税水平企业的分布状况

以 2010 年上缴营业税作为分析的基础。入选竞争力百强的 100 家企业中，上缴营业税在 10 亿元以上的企业有 5 家，上缴营业税在 8 亿元到10亿元之间的企业有3家，上缴营业税在6亿元到8亿元之间的企业有12家，上缴营业税在4亿元到6亿元之间的企业有19家，上缴营业税在2亿元到4亿元之间的企业有32家，上缴营业税在2亿元以下的企业有29家。不同上缴营业税水平企业的数量分布及其上缴营业税占竞争力百强企业上缴营业税的比重，如图2-18所示。

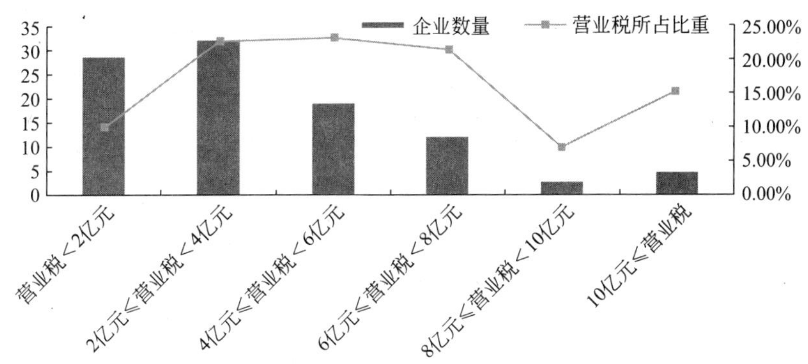

图2-18 不同上缴营业税水平企业数量分布及其上缴营业税占竞争力百强的比重

由图2-18可以看出，上缴营业税超过10亿元的企业数量占竞争力百强的5%，但其上缴营业税占到了竞争力百强的15.47%；上缴营业税超过8亿元的企业数量占竞争力百强的8%，但其上缴营业税占到了竞争力百强的22.35%；上缴营业税超过6亿元的企业数量占竞争力百强的20%，但其上缴营业税占到了竞争力百强的43.90%；上缴营业税超过4亿元的企业数量占竞争力百强的39%，但其上缴营业税占到了竞争力百强的67.09%。

2.3.3.2 上缴营业税前10强

入选竞争力百强的100家企业中，以2010年上缴营业税进行排序，位列前10名的企业如表2-25所示。

2010年上缴营业税位列前10名的企业 **表2-25**

序号	百强名次	企业名称	上缴营业税(万元)
1	16	中铁一局集团有限公司	135371
2	2	中国建筑第八工程局有限公司	131171
3	3	中建三局建设工程股份有限公司	123843

续表

序号	百强名次	企业名称	上缴营业税(万元)
4	15	中交第一航务工程局有限公司	103096
5	19	重庆建工集团股份有限公司	102953
6	4	北京城建集团有限责任公司	97067
7	12	广厦建设集团有限责任公司	86880
8	13	湖南省建筑工程集团总公司	81421
9	17	浙江省建设投资集团有限公司	79567
10	21	中铁电气化局集团有限公司	76892

2010年上缴营业税前10强企业上缴营业税总额为1018261万元，占竞争力百强企业上缴营业税的26.40%，比前10强企业数量占比高出了16.40个百分点。

2.3.3.3 上缴营业税增长情况分析

2008～2010年，竞争力百强企业上缴营业税分别为250.34亿元、316.51亿元和385.63亿元，呈现出逐年递增的态势，2009年和2010年增长率分别为26.43%和21.84%。

对比竞争力百强2009、2010两年的上缴营业税数据可以发现，竞争力百强中，有16家企业的上缴营业税出现了负增长，其余84家企业的上缴营业税都有不同幅度的提高。上缴营业税增量和增长率位列前10名的企业分别如表2-26、表2-27所示。

2010年上缴营业税增量位列前10名的企业　　表2-26

序号	百强名次	企业名称	上缴营业税增量(万元)
1	2	中国建筑第八工程局有限公司	30637
2	16	中铁一局集团有限公司	24890
3	20	中国建筑第四工程局有限公司	24284
4	37	中国建筑第七工程局有限公司	23740
5	15	中交第一航务工程局有限公司	23312
6	49	中铁建设集团有限公司	22164

续表

序号	百强名次	企业名称	上缴营业税增量（万元）
7	19	重庆建工集团股份有限公司	21952
8	3	中建三局建设工程股份有限公司	21682
9	1	中国葛洲坝集团股份有限公司	21402
10	53	中铁九局集团有限公司	19292

2010 年上缴营业税增长率位列前 10 名的企业　　　　**表 2-27**

序号	百强名次	企业名称	上缴营业税增长率（%）
1	49	中铁建设集团有限公司	123.88
2	10	上海城建(集团)公司	81.87
3	36	苏州金螳螂企业(集团)有限公司	79.15
4	50	浙江亚厦装饰股份有限公司	78.25
5	48	中交广州航道局有限公司	73.04
6	69	内蒙古兴泰建筑有限责任公司	70.37
7	91	贵州建工集团有限公司	66.66
8	62	龙元建设集团股份有限公司	62.91
9	60	江苏省盐阜建设集团有限公司	61.53
10	33	安徽建工集团有限公司	58.56

2.3.4　上缴所得税指标分析

2.3.4.1　不同上缴所得税水平企业的分布状况

以 2010 年上缴所得税作为分析的基础。入选竞争力百强的 100 家企业中，上缴所得税在 5 亿元以上的企业有 3 家，上缴所得税在 1 亿元到 5 亿元之间的企业有 28 家，上缴所得税在 5000 万元到 1 亿元之间的企业有 29 家，上缴所得税在 1000 万元到 5000 万元之间的企业有 34 家，上缴所得税在 1000 万元以下的企业有 6 家。不同上缴所得税水平企业的数量分布及其上缴所得税占竞争力百强企业上缴所得税的比重，如图 2-19 所示。

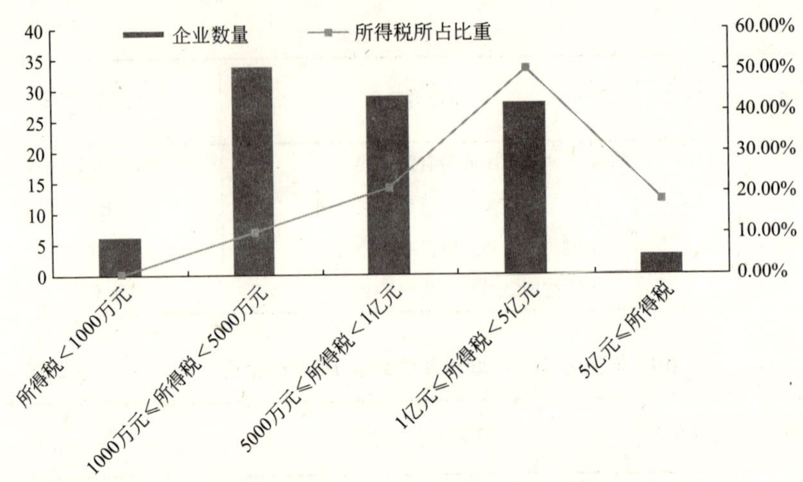

图 2-19　不同上缴所得税水平企业数量分布及其上缴所得税占竞争力百强的比重

由图 2-19 可以看出，上缴所得税超过 5 亿元的企业数量占竞争力百强的 3%，但其上缴所得税占到了竞争力百强的 18.33%；上缴所得税超过 1 亿元的企业数量占竞争力百强的 31%，但其上缴所得税占到了竞争力百强的 68.66%；上缴所得税超过 5000 万元的企业数量占竞争力百强的 60%，但其上缴所得税占到了竞争力百强的 89.61%。

2.3.4.2　上缴所得税前 10 强

入选竞争力百强的 100 家企业中，以 2010 年上缴所得税进行排序，位列前 10 名的企业如表 2-28 所示。

2010 年上缴所得税位列前 10 名的企业　　　　**表 2-28**

序号	百强名次	企业名称	上缴所得税(万元)
1	57	江苏省华建建设股份有限公司	68878
2	4	北京城建集团有限责任公司	60014
3	5	北京建工集团有限责任公司	53161
4	2	中国建筑第八工程局有限公司	38620
5	1	中国葛洲坝集团股份有限公司	35022
6	18	江苏南通二建集团有限公司	31077

续表

序号	百强名次	企业名称	上缴所得税(万元)
7	24	中交上海航道局有限公司	27004
8	61	安徽省外经建设集团有限公司	26271
9	15	中交第一航务工程局有限公司	22621
10	31	中国二十二冶集团有限公司	22216

2010年上缴所得税前10强企业的上缴所得税为384883万元，占竞争力百强企业上缴所得税的38.75%，比前10强企业数量占比高出了28.75个百分点。

2.3.4.3 上缴所得税增长情况分析

2008～2010年，竞争力百强企业上缴所得税分别为51.35亿元、67.38亿元和99.32亿元，呈现出逐年递增的态势，2009年和2010年增长率分别为31.20%和47.40%。

对比竞争力百强2009、2010两年的上缴所得税数据可以发现，竞争力百强中，有9家企业的上缴所得税出现了负增长，其余91家企业的上缴所得税都有不同幅度的提高。上缴所得税增量和增长率位列前10名的企业分别如表2-29、表2-30所示。

2010年上缴所得税增量位列前10名的企业　　表2-29

序号	百强名次	企业名称	上缴所得税增量(万元)
1	57	江苏省华建建设股份有限公司	63316
2	4	北京城建集团有限责任公司	25919
3	1	中国葛洲坝集团股份有限公司	17358
4	2	中国建筑第八工程局有限公司	17329
5	18	江苏南通二建集团有限公司	17035
6	43	中国二十冶集团有限公司	13461
7	61	安徽省外经建设集团有限公司	9932
8	49	中铁建设集团有限公司	7988
9	36	苏州金螳螂企业(集团)有限公司	6776
10	3	中建三局建设工程股份有限公司	6486

2010年上缴所得税增长率位列前10名的企业　　表2-30

序号	百强名次	企业名称	上缴所得税增长率（%）
1	77	中建三局第二建设工程有限责任公司	1607.87
2	57	江苏省华建建设股份有限公司	1138.45
3	90	广西壮族自治区公路桥梁工程总公司	429.37
4	45	成都建筑工程集团总公司	286.73
5	43	中国二十冶集团有限公司	241.63
6	91	贵州建工集团有限公司	190.98
7	19	重庆建工集团股份有限公司	162.23
8	95	黑龙江省建工集团有限责任公司	159.56
9	34	中国五冶集团有限公司	130.00
10	18	江苏南通二建集团有限公司	121.31

2.4　竞争力百强科技与管理状况分析

2.4.1　人才数量指标分析

2.4.1.1　高级人才指标分析

1. 一级建造师数量分布状况

以2010年一级建造师数量作为分析的基础。入选竞争力百强的100家企业中，一级建造师数量在1000人以上的企业有4家，一级建造师数量在800人到1000人之间的企业有3家，一级建造师数量在500人到800人之间的企业有11家，一级建造师数量在300人到500人之间的企业有18家，一级建造师数量在100人到300人之间的企业有46家，一级建造师数量在100人以下的企业有18家。不同一级建造师数量水平企业的数量分布及其一级建造师数量占竞争力百强企业一级建造师数量的比重，如图2-20所示。

由图2-20可以看出，一级建造师数量超过1000人的企业数量占竞争力百强的4%，但其一级建造师数量占到了竞争力百强的18.29%；一级建造师数量超过800人的企业数量占竞争力百强的7%，但其一级建造师数量占到了竞争力百强的27.01%；一级建造师数量超过500人

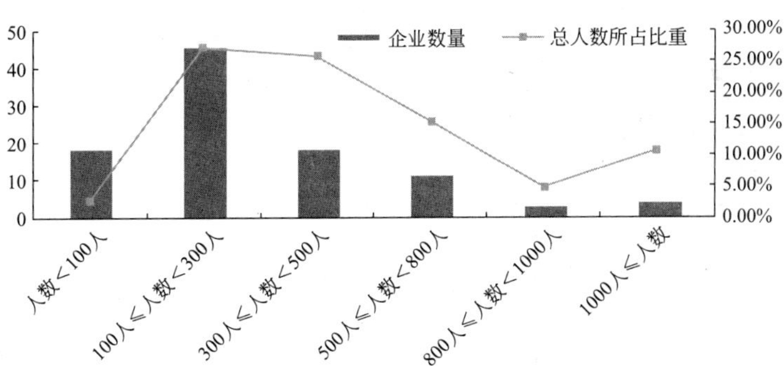

图 2-20　不同一级建造师数量水平企业的
数量分布及其一级建造师数量占竞争力百强的比重

的企业数量占竞争力百强的 18%，但其一级建造师数量占到了竞争力百强的 48.30%。

2. 高级职业经理数量分布

以 2010 年高级职业经理数量作为分析的基础。入选竞争力百强的 100 家企业中，高级职业经理数量在 200 人以上的企业有 2 家，高级职业经理数量在 100 人到 200 人之间的企业有 2 家，高级职业经理数量在 80 人到 100 人之间的企业有 3 家，高级职业经理数量在 50 人到 80 人之间的企业有 9 家，高级职业经理数量在 20 人到 50 人之间的企业有 20 家，高级职业经理数量在 20 人以下的企业有 45 家，没有高级职业经理的企业有 19 家。不同高级职业经理数量水平企业的数量分布及其高级职业经理数量占竞争力百强高级职业经理数量的比重，如图 2-21 所示。

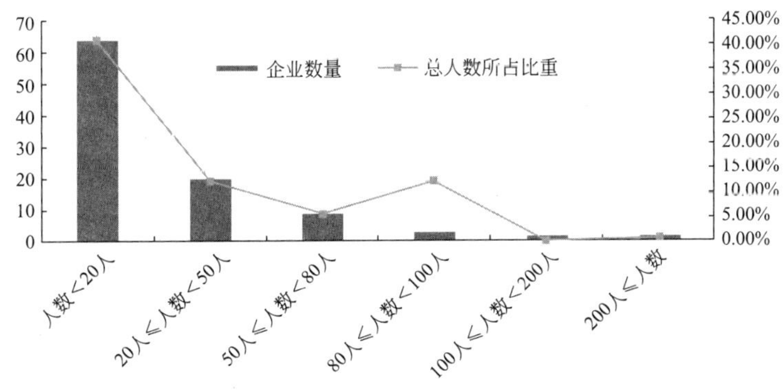

图 2-21　不同高级职业经理数量水平企业的
数量分布及其高级职业经理数量占竞争力百强的比重

由图 2-21 可以看出，高级职业经理数量超过 200 人的企业数量占竞争力百强的 2%，但其高级职业经理数量占到了竞争力百强的 33.30%；高级职业经理数量超过 100 人的企业数量占竞争力百强的 4%，但其高级职业经理数量占到了竞争力百强的 43.56%；高级职业经理数量超过 80 人的企业数量占竞争力百强的 7%，但其高级职业经理数量占到了竞争力百强的 51.59%。

3. 高级职称员工数量分布

以 2010 年高级职称员工数量作为分析的基础。入选竞争力百强的 100 家企业中，高级职称员工数量在 2000 人以上的企业有 1 家，高级职称员工数量在 1000 人到 2000 人之间的企业有 5 家，高级职称员工数量在 500 人到 1000 人之间的企业有 22 家，高级职称员工数量在 100 人到 500 人之间的企业有 48 家，高级职称员工数量在 100 人以下的企业有 24 家。不同高级职称员工数量水平企业的数量分布及其高级职称员工数量占竞争力百强高级职称员工数量的比重，如图 2-22 所示。

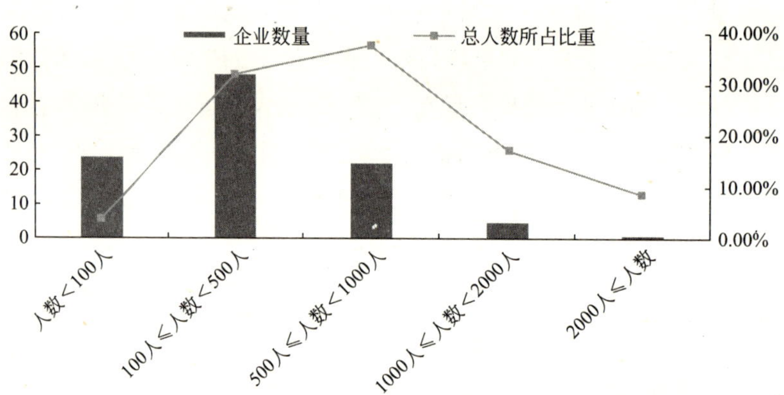

图 2-22 不同高级职称员工数量水平企业的数量分布及其高级职称员工数量占竞争力百强的比重

由图 2-22 可以看出，高级职称员工数量超过 2000 人的企业数量占竞争力百强的 1%，但其高级职称员工数量占到了竞争力百强的 8.85%；高级职称员工数量超过 1000 人的企业数量占竞争力百强的

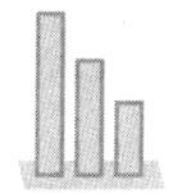

6%，但其高级职称员工数量占到了竞争力百强的26.13%；高级职称员工数量超过500人的企业数量占竞争力百强的28%，但其高级职称员工数量占到了竞争力百强的63.91%。

2.4.1.2 中级人才指标分析

1. 二级建造师数量分布状况

以2010年二级建造师数量作为分析的基础。入选竞争力百强的100家企业中，二级建造师数量在2000人以上的企业有1家，二级建造师数量在1000人到2000人之间的企业有4家，二级建造师数量在500人到1000人之间的企业有10家，二级建造师数量在100人到500人之间的企业有53家，二级建造师数量在50人到100人之间的企业有12家，二级建造师数量在50人以下的企业有20家。不同二级建造师数量水平企业的数量分布及其二级建造师数量占竞争力百强企业二级建造师数量的比重，如图2-23所示。

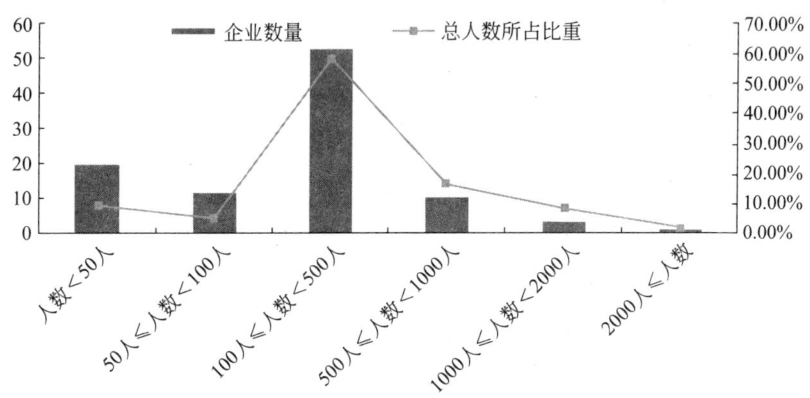

图2-23 不同二级建造师数量水平企业的数量分布及其二级建造师数量占竞争力百强的比重

由图2-23可以看出，二级建造师数量超过2000人的企业数量占竞争力百强的1%，但其二级建造师数量占到了竞争力百强的9.14%；二级建造师数量超过1000人的企业数量占竞争力百强的5%，但其二级建造师数量占到了竞争力百强的27.00%；二级建造师数量超过500人的企业数量占竞争力百强的15%，但其二级建造师数量占到了竞争力

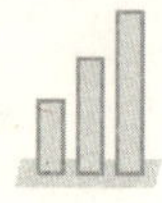

百强的 50.23%。

2. 优秀项目经理数量分布

以 2010 年优秀项目经理数量作为分析的基础。入选竞争力百强的 100 家企业中，优秀项目经理数量在 500 人以上的企业有 1 家，优秀项目经理数量在 100 人到 500 人之间的企业有 10 家，优秀项目经理数量在 50 人到 100 人之间的企业有 13 家，优秀项目经理数量在 20 人到 50 人之间的企业有 24 家，优秀项目经理数量在 10 人到 20 人之间的企业有 25 家，优秀项目经理数量在 10 人以下的企业有 23 家，没有优秀项目经理的企业有 4 家。不同优秀项目经理数量水平企业的数量分布及其优秀项目经理数量占竞争力百强企业优秀项目经理数量的比重，如图 2-24 所示。

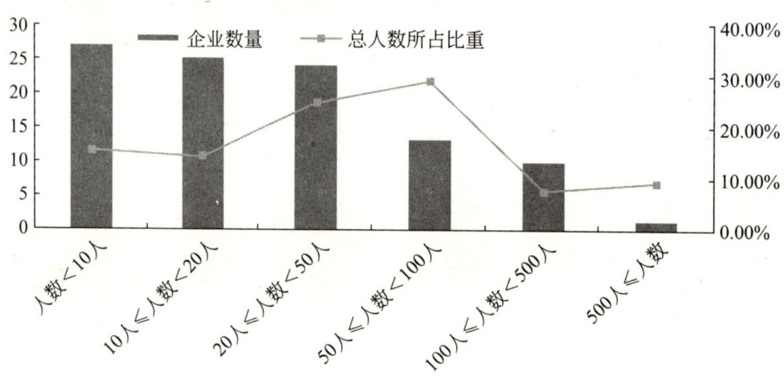

图 2-24 不同优秀项目经理数量水平企业的数量分布及其优秀项目经理数量占竞争力百强的比重

由图 2-24 可以看出，优秀项目经理数量超过 500 人的企业数量占竞争力百强的 1%，但其优秀项目经理数量占到了竞争力百强的 18.82%；优秀项目经理数量超过 100 人的企业数量占竞争力百强的 11%，但其优秀项目经理数量占到了竞争力百强的 56.57%；优秀项目经理数量超过 50 人的企业数量占竞争力百强的 24%，但其优秀项目经理数量占到了竞争力百强的 75.41%。

3. 中级职称员工数量分布

以 2010 年中级职称员工数量作为分析的基础。入选竞争力百强的

100 家企业中，中级职称员工数量在 5000 人以上的企业有 1 家，中级职称员工数量在 3000 人到 5000 人之间的企业有 10 家，中级职称员工数量在 1000 人到 3000 人之间的企业有 27 家，中级职称员工数量在 500 人到 1000 人之间的企业有 28 家，中级职称员工数量在 500 人以下的企业有 34 家。不同中级职称员工数量水平企业的数量分布及其中级职称员工数量占竞争力百强企业中级职称员工数量的比重，如图 2-25 所示。

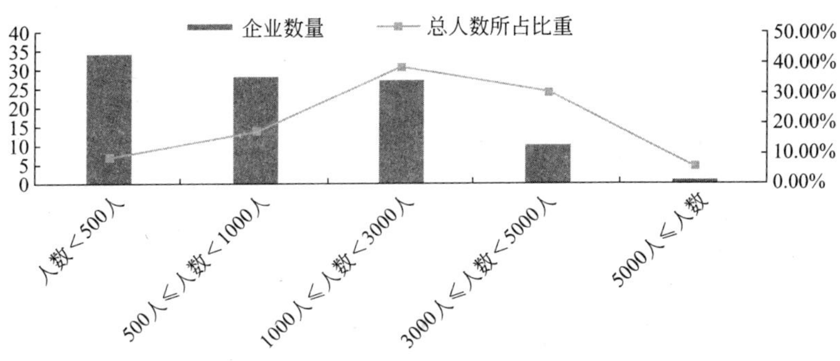

图 2-25　不同中级职称员工数量水平企业的
数量分布及其中级职称员工数量占竞争力百强的比重

由图 2-25 可以看出，中级职称员工数量超过 5000 人的企业数量占竞争力百强的 1%，但其中级职称员工数量占到了竞争力百强的 5.66%；中级职称员工数量超过 3000 人的企业数量占竞争力百强的 11%，但其中级职称员工数量占到了竞争力百强的 35.88%；中级职称员工数量超过 1000 人的企业数量占竞争力百强的 38%，但其中级职称员工数量占到了竞争力百强的 74.34%。

2.4.2　科技进步类奖项指标分析

2.4.2.1　国家级科技进步类奖项指标分析

1. 不同国家级科技进步类奖项数水平企业的分布状况

以 2010 年国家级科技进步类奖项数作为分析的基础。入选竞争力百强的 100 家企业中，国家级科技进步类奖项数在 40 项以上的企业有 1 家，国家级科技进步类奖项数在 30 项到 40 项之间的企业有 1 家，国家级科技进步。奖项数在20项到30项之间的企业有10家，国家级科技进步奖项数在10项到20项之间的企业有21家，国家级科技进步。奖项数在10项以下的企业有67家。不同国家级科技进步类奖项数水平企业的数量分布及其国家级科技进步。奖项数占竞争力百强企业国家级科技进步。奖项数的比重，如图2-26所示。

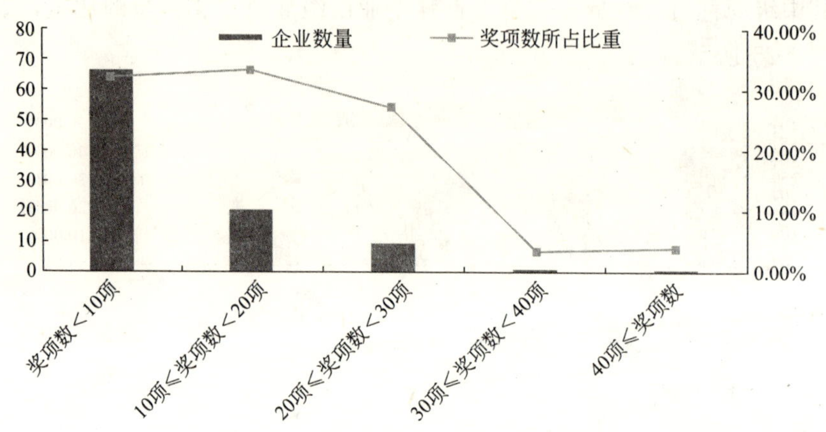

图2-26　不同国家级科技进步类奖项数水平企业的数量分布及其奖项数占竞争力百强的比重

由图2-26可以看出，国家级科技进步类奖项数超过40项的企业数量占竞争力百强的1%，但其国家级科技进步类奖项数占到了竞争力百强的4.87%；国家级科技进步类奖项数超过30项的企业数量占竞争力百强的2%，但其国家级科技进步类奖项数占到了竞争力百强的8.67%；国家级科技进步类奖项数超过20项的企业数量占竞争力百强的12%，但其国家级科技进步类奖项数占到了竞争力百强的37.29%，国家级科技进步类奖项数超过10项的企业数量占竞争力百强的33%，但其国家级科技进步类奖项数占到了竞争力百强的72.09%。

2. 国家级科技进步类奖项数前10强

入选竞争力百强的100家企业中，以2010年国家级科技进步类奖项数进行排序，位列前10名(含并列)的企业如表2-31所示。

2010 年国家级科技进步类奖项数位列前 10 名(含并列)的企业　　表 2-31

序号	百强名次	企业名称	国家级科技进步奖项数(项)
1	2	中国建筑第八工程局有限公司	41
2	51	中国一冶集团有限公司	32
3	22	山西建筑工程(集团)总公司	28
	50	浙江亚厦装饰股份有限公司	28
5	32	天津市建工集团(控股)有限公司	25
6	7	中国石油天然气管道局	24
	8	青建集团股份公司	24
	60	江苏省盐阜建设集团有限公司	24
9	56	上海市第一建筑有限公司	23
10	5	北京建工集团有限责任公司	22
	12	广厦建设集团有限责任公司	22

2010 年国家级科技进步类奖项数前 10 名(含并列)企业的国家级科技进步奖项数为 293 项，占竞争力百强企业国家级科技进步奖项数的 34.80%，比前 10 名(含并列)企业数量占比高出了 23.80 个百分点。

2.4.2.2　省部级科技进步类奖指标分析

1. 不同省部级科技进步类奖项数水平企业的分布状况

以 2010 年省部级科技进步类奖项数作为分析的基础。入选竞争力百强的 100 家企业中，省部级科技进步类奖项数在 100 项以上的企业有 4 家，省部级科技进步类奖项数在 50 项到 100 项之间的企业有 1 家，省部级科技进步类奖项数在 20 项到 50 项之间的企业有 8 家，省部级科技进步类奖项数在 10 项到 20 项之间的企业有 16 家，省部级科技进步类奖项数在 10 项以下的企业有 71 家，其中有 33 家企业该指标值为 0。不同省部级科技进步类奖项数水平企业的数量分布及其省部级科技进步奖项数占竞争力百强省部级科技进步类奖项数的比重，如图 2-27 所示。

由图 2-27 可以看出，省部级科技进步类奖项数超过 100 项的企业数量占竞争力百强的 4%，但其省部级科技进步类奖项数占到了竞争力百强的 46.34%；省部级科技进步类奖项数超过 50 项的企业数量占竞争力百强的 5%，但其省部级科技进步类奖项数占到了竞争力百强的

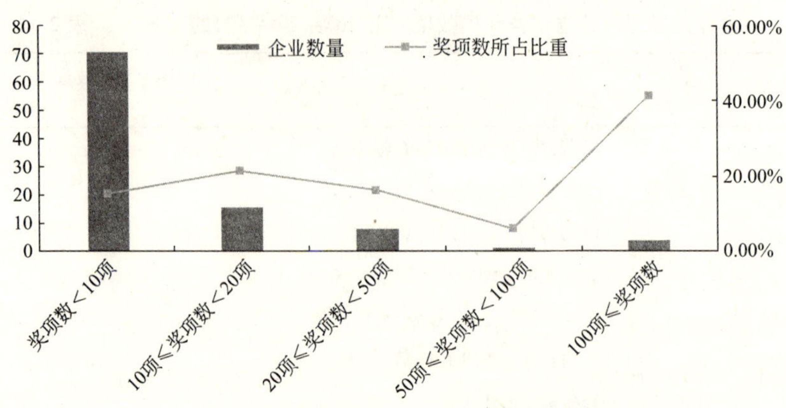

图 2-27　不同省部级科技进步类奖项数水平企业的数量分布及其奖项数占竞争力百强的比重

51.94%；省部级科技进步类奖项数超过 20 项的企业数量占竞争力百强的 13%，但其省部级科技进步类奖项数占到了竞争力百强的 68.56%。

2. 省部级科技进步类奖项数前 10 强

入选竞争力百强的 100 家企业中，以 2010 年省部级科技进步类奖项数进行排序，位列前 10 名(含并列)的企业如表 2-32 所示。

2010 年省部级科技进步类奖项数位列前 10 名(含并列)的企业　　表 2-32

序号	百强名次	企业名称	省部级科技进步奖项数(项)
1	8	青建集团股份公司	185
2	22	山西建筑工程(集团)总公司	114
3	13	湖南省建筑工程集团总公司	105
4	2	中国建筑第八工程局有限公司	103
5	30	中国华西企业股份有限公司	53
6	69	内蒙古兴泰建筑有限责任公司	30
7	70	中国核工业华兴建设有限公司	26
	82	南通华新建工集团有限公司	26
9	29	中交第四航务工程局有限公司	23
10	37	中国建筑第七工程局有限公司	22
	46	上海市第七建筑有限公司	22

2010 年省部级科技进步类奖项数前 10 名(含并列)企业的省部级科技进步奖项数为 709 项，占竞争力百强省部级科技进步类奖项数的 64.81%，比前 10 名(含并列)企业数量占比高出了 53.81 个百分点。

2.4.2.3 科技进步类其他奖项指标分析

1. 不同科技进步类其他奖项数水平企业的分布状况

以 2010 年科技进步类其他奖项数作为分析的基础。入选竞争力百强的 100 家企业中，科技进步类其他奖项数在 50 项以上的企业有 1 家，科技进步类其他奖项数在 40 项到 50 项之间的企业有 2 家，科技进步类其他奖项数在 30 项到 40 项之间的企业有 1 家，科技进步类其他奖项数在 20 项到 30 项之间的企业有 1 家，科技进步类其他奖项数在 10 项到 20 项之间的企业有 9 家，科技进步类其他奖项数在 10 项以下的企业有 86 家，其中有 52 家企业该指标值为 0。不同科技进步类其他奖项数水平企业的数量分布及其科技进步类其他奖项数占竞争力百强科技进步类其他奖项数的比重，如图 2-28 所示。

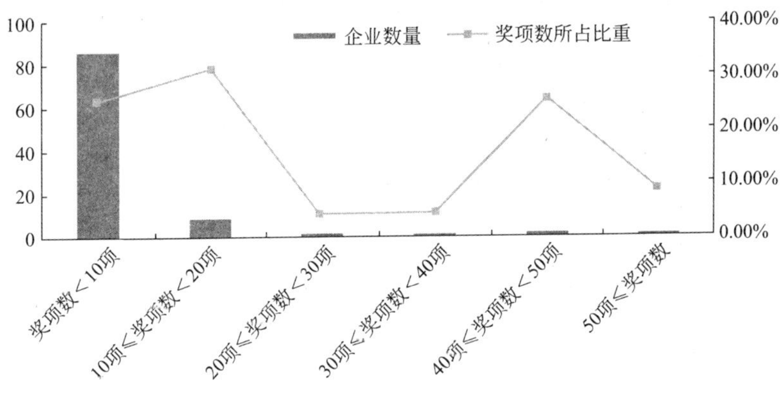

图 2-28 不同科技进步类其他奖项数水平企业的数量分布及其奖项数占竞争力百强的比重

由图 2-28 可以看出，科技进步类其他奖项数超过 50 项的企业数量占竞争力百强的 1%，但其科技进步类其他奖项数占到了竞争力百强的 17.82%；科技进步类其他奖项数超过 40 项的企业数量占竞争力百强的 3%，但其科技进步类其他奖项数占到了竞争力百强的 36.75%；科技进步类其他奖项数超过 30 项的企业数量占竞争力百强的4%，但其科技进步类其他奖项数占到了竞争力百强的44.77%。

2. 科技进步类其他奖项数前10强

入选竞争力百强的100家企业中，以2010年科技进步类其他奖项数进行排序，位列前10名的企业如表2-33所示。

2010年科技进步类其他奖项数位列前10名的企业 **表2-33**

序号	百强名次	企业名称	科技进步类其他奖项数(项)
1	36	苏州金螳螂企业(集团)有限公司	80
2	46	上海市第七建筑有限公司	45
3	9	中天建设集团有限公司	40
4	50	浙江亚厦装饰股份有限公司	36
5	56	上海市第一建筑有限公司	24
6	11	广东省建筑工程集团有限公司	18
7	34	中国五冶集团有限公司	17
8	20	中国建筑第四工程局有限公司	15
9	12	广厦建设集团有限责任公司	14
10	14	广西建工集团有限责任公司	12

2010年科技进步类其他奖项数前10强企业的科技进步类其他奖项数为301项，占竞争力百强科技进步类其他奖项数的67.04%。

2.4.3 管理水平类奖项指标分析

2.4.3.1 管理水平类国家级奖项指标分析

1. 不同管理水平类国家级奖项数水平企业的分布状况

以2010年管理水平类国家级奖项数作为分析的基础。入选竞争力百强的100家企业中，管理水平类国家级奖项数在70项以上的企业有1家，管理水平类国家级奖项数在50项到70项之间的企业有2家，管理水平类国家级奖项数在20项到50项之间的企业有12家，管理水平类国家级奖项数在10项到20项之间的企业有23家，管理水平类国家级

奖项数在10项以下的企业有62家，其中有9家企业该奖项数为0。不同管理水平类国家级奖项数水平企业的数量分布及其管理水平类国家级奖项数占竞争力百强管理水平类国家级奖项数的比重，如图2-29所示。

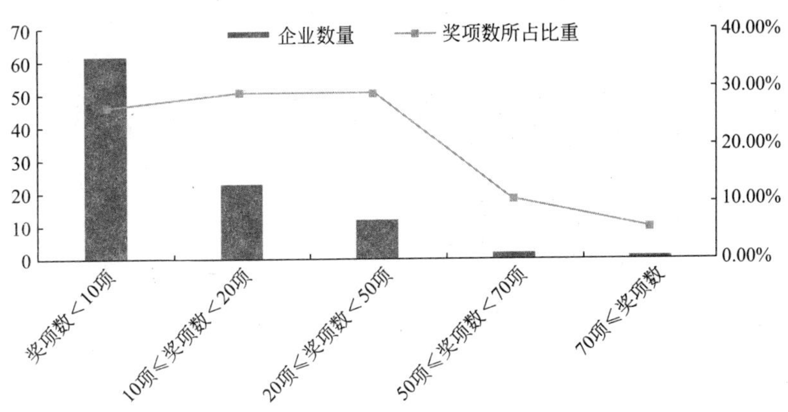

图2-29　不同管理水平类国家级奖项数水平企业的数量分布及其奖项数占竞争力百强的比重

由图2-29可以看出，管理水平类国家级奖项数超过70项的企业数量占竞争力百强的1%，但其管理水平类国家级奖项数占到了竞争力百强的6.72%；管理水平类国家级奖项数超过50项的企业数量占竞争力百强的3%，但其企业管理水平类国家级奖项数占到了竞争力百强的16.74%；管理水平类国家级奖项数超过20项的企业数量占竞争力百强的15%，但其管理水平类国家级奖项数占到了竞争力百强的52.53%，管理水平类国家级奖项数超过10项的企业数量占竞争力百强的38%，但其管理水平类国家级奖项数占到了竞争力百强的80.50%。

2. 管理水平类国家级奖项数前10强

入选竞争力百强的100家企业中，以2010年管理水平类国家级奖项数进行排序，位列前10名(含并列)的企业如表2-34所示。

2010年管理水平类国家级奖项数前10强企业的管理水平类国家级奖项数为448项，占竞争力百强管理水平类国家级奖项数的41.21%，比前10强企业数量占比高出了31.21个百分点。

2010年管理水平类国家级奖项数位列前10名(含并列)的企业　　表2-34

序号	百强名次	企业名称	管理水平类国家级奖项数(项)
1	2	中国建筑第八工程局有限公司	73
2	94	中启胶建集团有限公司	55
3	22	山西建筑工程(集团)总公司	54
4	11	广东省建筑工程集团有限公司	49
5	27	上海宝冶集团有限公司	48
6	9	中天建设集团有限公司	37
7	8	青建集团股份公司	34
8	25	上海隧道工程股份有限公司	33
	63	中国十五冶金建设集团有限公司	33
10	50	浙江亚厦装饰股份有限公司	32

2.4.3.2　管理水平类省部级奖项指标分析

1. 不同管理水平类省部级奖项数水平企业的分布状况

以2010年管理水平类省部级奖项数作为分析的基础。入选竞争力百强的100家企业中，管理水平类省部级奖项数在400项以上的企业有3家，管理水平类省部级奖项数在200项到400项之间的企业有4家，管理水平类省部级奖项数在100项到200项之间的企业有12家，管理水平类省部级奖项数在50项到100项之间的企业有12家，管理水平类省部级奖项数在10项到50项之间的企业有35家，管理水平类省部级奖项数在10项以下的企业有34家，其中有5家企业该指标值为0。不同管理水平类省部级奖项数水平企业的数量分布及其管理水平类省部级奖项数占竞争力百强管理水平类省部级奖项数的比重，如图2-30所示。

由图2-30可以看出，管理水平类省部级奖项数超过400项的企业数量占竞争力百强的3%，但其管理水平类省部级奖项数占到了竞争力百强的22.99%；管理水平类省部级奖项数超过200项的企业数量占竞争力百强的7%，但其管理水平类省部级奖项数占到了竞争力百强的40.86%；管理水平类省部级奖项数超过100项的企业数量占竞争力百强的19%，但其管理水平类省部级奖项数占到了竞争力百强的68.14%。

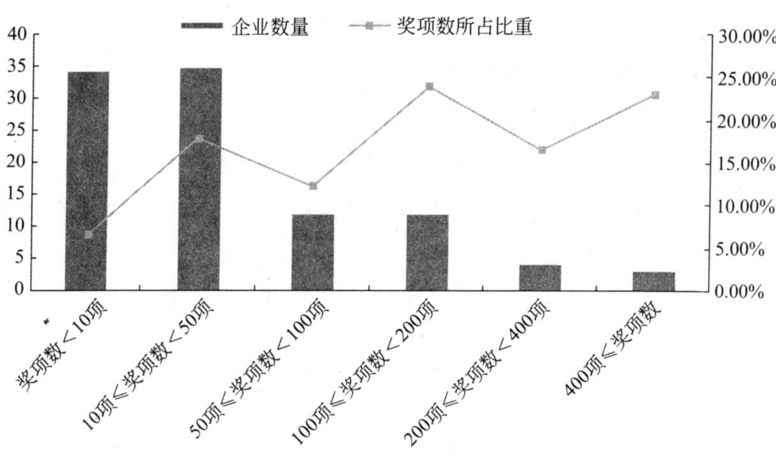

图 2-30 不同企业管理水平类省部级奖项数水平企业的数量分布及其奖项数占竞争力百强的比重

2. 管理水平类省部级奖项数前 10 强

入选竞争力百强的 100 家企业中，以 2010 年管理水平类省部级奖项数进行排序，位列前 10 名的企业如表 2-35 所示。

2010 年管理水平类省部级奖项数位列前 10 名的企业　　表 2-35

序号	百强名次	企业名称	管理水平类省部级奖项数(项)
1	2	中国建筑第八工程局有限公司	476
2	13	湖南省建筑工程集团总公司	471
3	30	中国华西企业股份有限公司	420
4	19	重庆建工集团股份有限公司	315
5	32	天津市建工集团(控股)有限公司	284
6	25	上海隧道工程股份有限公司	234
7	9	中天建设集团有限公司	230
8	35	江苏省苏中建设集团股份有限公司	175
9	5	北京建工集团有限责任公司	168
10	46	上海市第七建筑有限公司	157

2010 年管理水平类省部级奖项数前 10 强企业的管理水平类省部级奖项数为 2930 项，占竞争力百强企业管理水平类省部级奖项数

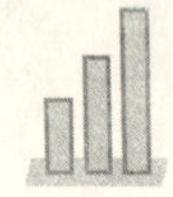

的49.27%。

2.4.3.3 管理水平类其他奖项指标分析

1. 不同管理水平类其他奖项数水平企业的分布状况

以2010年管理水平类其他奖项数作为分析的基础。入选竞争力百强的100家企业中，管理水平类其他奖项数在100项以上的企业有1家，管理水平类其他奖项数在50项到100项之间的企业有5家，管理水平类其他奖项数在20项到50项之间的企业有14家，管理水平类其他奖项数在10项到20项之间的企业有10家，管理水平类其他奖项数在10项以下的企业有70家，其中有39家企业该奖项数为0。不同管理水平类其他奖项数水平企业的数量分布及其管理水平类其他奖项数占竞争力百强管理水平类其他奖项数的比重，如图2-31所示。

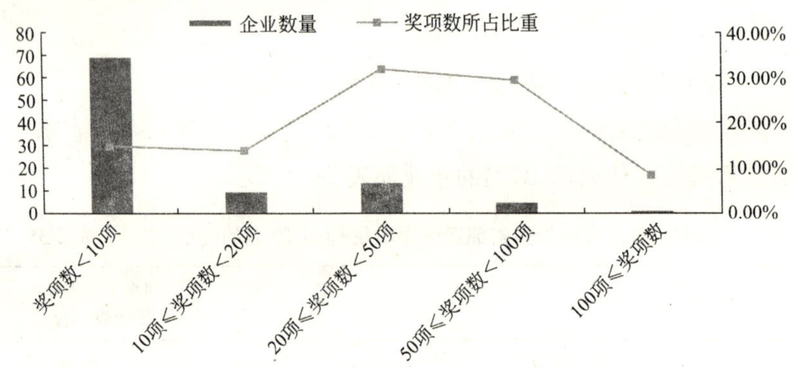

图2-31 不同管理水平类其他奖项数水平企业的数量分布及其奖项数占竞争力百强的比重

由图2-31可以看出，管理水平类其他奖项数超过100项的企业数量占竞争力百强的1%，但其管理水平类其他奖项数占到了竞争力百强的8.82%；管理水平类其他奖项数超过50项的企业数量占竞争力百强的6%，但其管理水平类其他奖项数占到了竞争力百强的41.48%；管理水平类其他奖项数超过20项的企业数量占竞争力百强的20%，但其管理水平类其他奖项数占到了竞争力百强的78.76%。

2. 管理水平类其他奖项数前10强

入选竞争力百强的100家企业中，以2010年管理水平类其他奖项数进行排序，位列前10名(含并列)的企业如表2-36所示。

2010 年企业管理水平类其他奖项数位列前 10 名(含并列)的企业　　表 2-36

序号	百强名次	企业名称	管理水平类其他奖项数(项)
1	11	广东省建筑工程集团有限公司	105
2	50	浙江亚厦装饰股份有限公司	92
3	46	上海市第七建筑有限公司	83
4	14	广西建工集团有限责任公司	82
	59	浙江省建工集团有限责任公司	82
6	3	中建三局建设工程股份有限公司	50
7	70	中国核工业华兴建设有限公司	45
8	33	安徽建工集团有限公司	44
	99	宁夏建工集团有限公司	44
10	56	上海市第一建筑有限公司	41

2010 年管理水平类其他奖项数前 10 强企业的管理水平类其他奖项数为 668 项，占竞争力百强企业管理水平类其他奖项数的 56.09%。

2.5 竞争力百强精神文明状况分析

2.5.1 精神文明类奖项指标分析

2.5.1.1 精神文明类国家级奖项指标分析

1. 不同精神文明类国家级奖项数水平企业的分布状况

以 2010 年精神文明类国家级奖项数作为分析的基础。入选竞争力百强的 100 家企业中，精神文明类国家级奖项数为 8 项的企业有 1 家，精神文明类国家级奖项为 6 项的企业有 3 家，精神文明类国家级奖项数为 5 项的企业有 3 家，精神文明类国家级奖项数为 4 项的企业有 4 家，精神文明类国家级奖项数为 3 项的企业有 9 家，精神文明类国家级奖项数为 2 项的企业有 10 家，精神文明类国家级奖项数为 1 项的企业有 21 家，该奖项数为 0 的企业有 49 家。大约半数的企业没有获得精神文明类国家级奖项。

2. 精神文明类国家级奖项数前 10 强

入选竞争力百强的 100 家企业中，以 2010 年精神文明类国家级奖项数进行排序，位列前10名(含并列)的企业如表2-37所示。

2010年精神文明类国家级奖项数位列前10名(含并列)的企业　　表2-37

序号	百强名次	企业名称	精神文明类国家级奖项数(项)
1	32	天津市建工集团(控股)有限公司	8
2	12	广厦建设集团有限责任公司	6
	66	中国新兴建设开发总公司	6
	92	烟建集团有限公司	6
5	2	中国建筑第八工程局有限公司	5
	5	北京建工集团有限责任公司	5
	33	安徽建工集团有限公司	5
8	1	中国葛洲坝集团股份有限公司	4
	20	中国建筑第四工程局有限公司	4
	21	中铁电气化局集团有限公司	4
	34	中国五冶集团有限公司	4

2010年精神文明类国家级奖项数前10强企业的企业精神文明类国家级奖项数为57项，占竞争力百强精神文明类国家级奖项数的45.6%。

2.5.1.2　精神文明类省部级奖项指标分析

1. 不同精神文明类省部级奖项数水平企业的分布状况

以2010年精神文明类省部级奖项数作为分析的基础。入选竞争力百强的100家企业中，精神文明类省部级奖项数为19项的企业有1家，精神文明类省部级奖项为10项的企业有2家，精神文明类国家级奖项数为8项的企业有2家，精神文明类国家级奖项为6项的企业有2家，精神文明类省部级奖项数为5项的企业有2家，精神文明类省部级奖项数为4项的企业有8家，精神文明类省部级奖项数为3项的企业有10家，精神文明类省部级奖项数为2项的企业有23家，精神文明类省部级奖项数为1项的企业有17家，该奖项数为0的企业有33家。

2. 精神文明类省部级奖项数前10强

入选竞争力百强的100家企业中，以2010年精神文明类省部级奖

项数进行排序，位列前10名(含并列)的企业如表2-38所示。

2010年精神文明类省部级奖项数位列前10名(含并列)的企业　　表2-38

序号	百强名次	企业名称	精神文明类省部级奖项数(项)
1	26	南通四建集团有限公司	19
2	22	山西建筑工程(集团)总公司	10
3	27	上海宝冶集团有限公司	10
4	12	广厦建设集团有限责任公司	8
5	52	南通建筑工程总承包有限公司	8
6	2	中国建筑第八工程局有限公司	6
7	37	中国建筑第七工程局有限公司	6
8	3	中建三局建设工程股份有限公司	5
9	56	上海市第一建筑有限公司	5
10	20	中国建筑第四工程局有限公司	4
	23	中交第三航务工程局有限公司	4
	25	上海隧道工程股份有限公司	4
	28	广州建筑股份有限公司	4
	46	上海市第七建筑有限公司	4
	67	中建三局第一建设工程有限责任公司	4
	73	天元建设集团有限公司	4
	99	宁夏建工集团有限公司	4

2010年精神文明类省部级奖项数前10强企业的精神文明类省部级奖项数为109项，占竞争力百强精神文明类省部级奖项数的53.96%。

2.5.2 履行社会责任指标分析

以2010年履行社会责任项数作为分析的基础。入选竞争力百强的100家企业中，履行社会责任项数为4项的企业有19家，履行社会责任项数为3项的企业有43家，履行社会项数为2项的企业有32家，责任项数为1项的企业有5家，履行社会责任项数为0项的企业有1家。如图2-32。

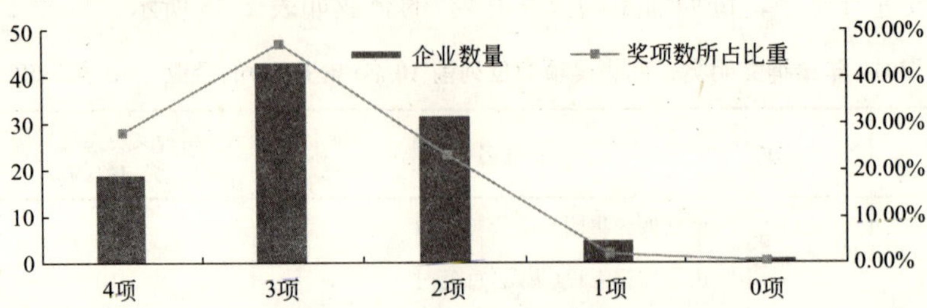

图 2-32　不同履行社会责任项数水平的企业数量分布及其履行社会责任项数占竞争力百强的比重

由图 2-32 可以看出，履行社会责任数为 4 项的企业数量占竞争力百强的 19%，但其履行社会责任项数占到了竞争力百强的 27.74%；履行社会责任数大于等于 3 项的企业数量占竞争力百强的 62%，但其履行社会责任项数占到了竞争力百强的 74.82%；履行社会责任数大于等于 2 项的企业数量占竞争力百强的 94%，但其履行社会责任项数占到了竞争力百强的 98.18%。

第 3 章　2010 年度中国建筑业企业成长性百强分析

3.1　成长性百强的总体情况

3.1.1　成长性百强排名基本情况

3.1.1.1　成长性百强成长性指数分布情况

入选 2010 年度中国建筑业最具成长性百强企业（以下简称成长性百强）的 100 家企业中，中建三局第三建筑工程有限责任公司以综合得分 1.081615437 位居榜首。成长性综合得分位列第二名到第十名的企业为：中国华冶科工集团有限公司、中化二建集团有限公司、中建工业设备安装有限公司、浙江东宸建设控股集团有限公司、浙江省长城建设集团股份有限公司、广东省基础工程公司、东方建设集团有限公司、中国石化集团南京工程有限公司和陕西建工集团第五建筑工程有限公司。成长性百强各公司得分曲线如图 3-1 所示。从图 3-1 可以看出，排名前 40 家公司得分差距相对较大，后 60 家公司得分差距相对较小。说明前 40 家企业的成长性差距较大，其他百强企业的成长性差距相对较小。

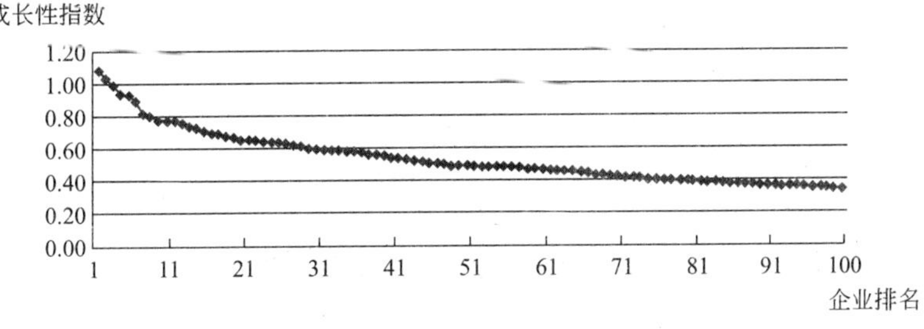

图 3-1　成长性百强成长性指数曲线

3.1.1.2 成长性百强企业资质分布情况

从企业资质来看，入选成长性百强的企业中，具有一级资质企业98家，占成长性百强企业的98%，二级资质企业2家，占成长性百强企业的2%。说明总体而言，具有一级资质的建筑企业成长性相对较强。

3.1.1.3 成长性百强企业的地区分布情况

从地区分布来看，入选成长性百强的企业中，有91家地方企业，来自25个省、直辖市和自治区，如图3-2所示。其中浙江省企业入围数量为19家，占地方企业的20.9%，名列第一；其次是山东省，入围12家建筑企业，占地方百强入围企业的13.2%；陕西省排在第三位，入围企业数量为9家，占地方百强入围企业的9.9%，反映出在经济欠发达的西部地区，建筑业企业仍然可以具有良好的成长性；江苏、广东分别排在第四位和第五位，入围企业数量为8家和5家，占百强地方入围企业的8.8%和5.5%。

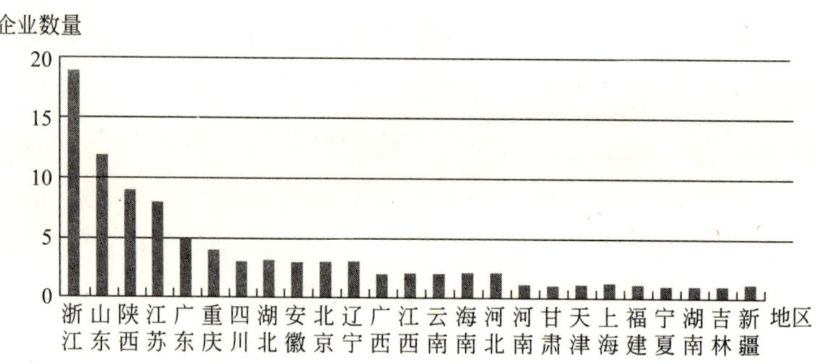

图3-2 成长性百强地区分布情况

3.1.1.4 成长性百强企业行业分布情况

从行业分布来看，入选成长性百强的企业中，有9家行业企业，占总入围企业数量的9%。其中，石化行业所占企业数量最多，为4家，占行业入围企业的44.4%，占成长性百强的4%；冶金、化工、水运、核建和解放军各有1家入围。

3.1.2 成长性百强在建筑业发展中的作用

入选成长性百强的企业在建筑业总产值、利润总额、新签合同额等

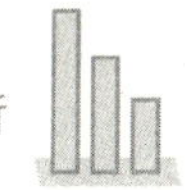

方面都展现出良好的发展势头，并在我国建筑业总产值、利润总额和新签合同额中占有一定的比重。

3.1.2.1 成长性百强对全国建筑业总产值的贡献

成长性百强2008年、2009年、2010年的建筑业总产值分别为2103.7亿元、2543.1亿元和3299.8亿元，2009年和2010年的建筑业总产值分别较前一年增长20.88%和29.75%。我国2008年、2009年、2010年的建筑业总产值分别为62036.8亿元、76807.7亿元和96031.1亿元，2009年和2010年的建筑业总产值分别较前一年增长23.81%和25.03%。两组增速数据比较，成长性百强2009年建筑业总产值的增速低于全国建筑业总产值的增速，但2010年的增速高于全国建筑业总产值的增速。2008～2010年，成长性百强企业建筑业总产值占我国建筑业总产值的比重分别为3.39%、3.31%和3.43%，所占比重总体上呈上升趋势。2008～2010年成长性百强建筑业总产值情况如表3-1所示。

2008～2010年成长性百强建筑业总产值及其增长情况 **表3-1**

年份	成长性百强建筑业总产值(亿元)	成长性百强建筑业总产值增长率(%)	占我国建筑业总产值的比重(%)
2008	2103.7	—	3.39
2009	2543.1	20.88	3.31
2010	3299.8	29.75	3.43

3.1.2.2 成长性百强对全国建筑业利润总额的贡献

成长性百强2008年、2009年、2010年的利润总额分别为51.81亿元、76.14亿元和112.15亿元，2009年和2010年的利润总额增长率分别为46.96%和47.29%。我国2008年、2009年、2010年建筑业利润总额分别为2201.84亿元、2718.76亿元和3409.07亿元，2009年和2010年的利润总额增长率分别为23.48%和25.39%。成长性百强利润总额增长率在两年中都远高于全国建筑业利润总额的增长率。成长性百强2008年、2009年、2010年利润总额分别占当年建筑业利润总额的2.35%、2.80%和3.29%，所占比重呈上升趋势。2008～2010年成长性百强利润总额情况如表3-2所示。

2008～2010年成长性百强利润总额及其增长情况　　表3-2

年份	成长性百强利润总额(亿元)	成长性百强利润总额增长率(%)	占我国建筑业利润总额的比重(%)
2008	51.81	—	2.35
2009	76.14	46.96	2.80
2010	112.15	47.29	3.29

3.1.2.3　成长性百强对全国建筑业新签合同额的贡献

成长性百强在2008年、2009年、2010年新签合同额分别为2081.38亿元、2816.11亿元和3791.17亿元，2009年和2010年的增长率分别为35.30%和34.62%。我国建筑业2008年、2009年、2010年新签合同额分别为66368.83亿元、85248.46亿元、110358.89亿元，2009年和2010年的增长率分别为28.45%和29.46%。成长性百强新签合同额的增长率两年中均高于全国建筑业新签合同额的增长率。2008年、2009年和2010年，成长性百强新签合同总额占全国建筑业新签合同总额的比重分别为3.14%、3.30%和3.44%，占全国建筑业新签合同额的比重呈显著增长态势。2008～2010年成长性百强新签合同额情况如表3-3所示。

2008～2010年成长性百强新签合同额及其增长情况　　表3-3

年份	成长性百强新签合同额(亿元)	成长性百强新签合同额增长率(%)	占我国建筑业新签合同额的比重(%)
2008	2081.38	—	3.14
2009	2816.11	35.30	3.30
2010	3791.17	34.62	3.44

3.2　成长性百强规模成长性分析

3.2.1　企业总收入指标分析

3.2.1.1　成长性百强企业总收入规模分布情况

1. 成长性百强2008年企业总收入分布情况

成长性百强2008年企业总收入总和为1965.12亿元，其中，企业总收入大于或等于50亿元、小于60亿元的有1家，企业总收入大于或等于40亿元、小于50亿元的有5家，企业总收入大于或等于30亿元、小于40亿元的有9家，企业总收入大于或等于20亿元、小于30亿元的有21家，企业总收入大于或等于10亿元、小于20亿元的有48家，企业总收入小于10亿元的有16家。图3-3给出了成长性百强2008年企业总收入的分布情况。

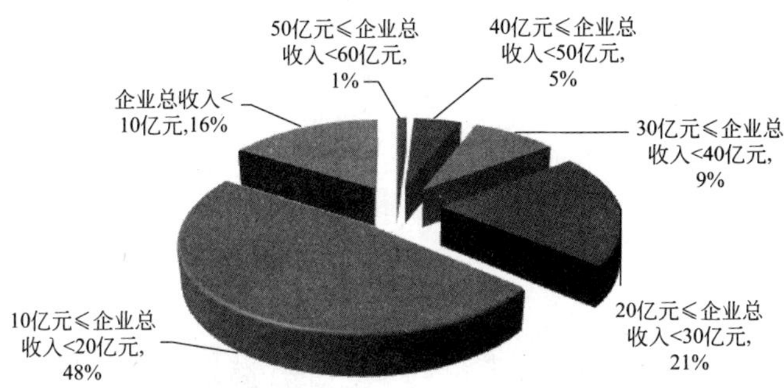

图3-3　成长性百强2008年企业总收入分布情况

成长性百强2008年企业总收入排名前10家企业如表3-4所示。2008年这10家企业总收入之和为423.59亿元，占百强企业2008年总收入之和的21.56%。其中，企业总收入排名第一的是东方建设集团有限公司，其企业总收入达到57.83亿元，占百强企业2008年总收入之和的2.94%。

成长性百强2008年企业总收入前10强　　**表3-4**

序号	百强排名	企业名称	企业总收入（万元）
1	8	东方建设集团有限公司	578311
2	6	浙江省长城建设集团股份有限公司	462966
3	46	恒元建设控股集团有限公司	453192
4	1	中建三局第三建筑工程有限责任公司	428000
5	13	江苏省建筑工程集团有限公司	412320
6	2	中国华冶科工集团有限公司	411710
7	20	江苏金土木建设集团有限公司	382360
8	37	南京大地建设集团有限责任公司	378267
9	35	上海市机械施工有限公司	368540
10	16	华太建设集团有限公司	360210

2. 成长性百强2009年企业总收入分布情况

成长性百强2009年企业总收入总和为2436.34亿元，其中，企业总收入大于或等于60亿元、小于70亿元的有1家，企业总收入大于或等于50亿元、小于60亿元的有4家，企业总收入大于或等于40亿元、小于50亿元的有7家，企业总收入大于或等于30亿元、小于40亿元的有13家，企业总收入大于或等于20亿元、小于30亿元的有32家，企业总收入大于或等于10亿元、小于20亿元的有38家，企业总收入小于10亿元的有5家。图3-4给出了2009年成长性百强企业总收入的分布情况。

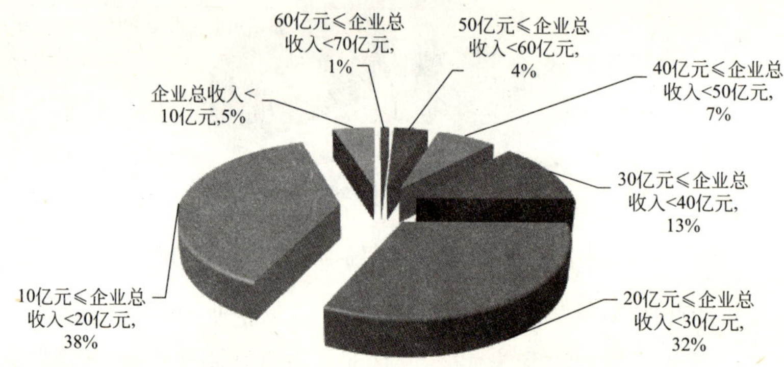

图3-4　成长性百强2009年企业总收入分布情况

成长性百强2009年企业总收入排名前10的企业如表3-5所示。2009年这10家企业总收入之和为511.14亿元，占百强企业2009年总收入之和的20.98%。2009年总收入排名第一的仍然是东方建设集团有限公司，其企业总收入达到61.18亿元，占百强企业2009年总收入之和的2.51%；浙江宝盛建设集团有限公司和凯翔集团有限公司进入企业总收入前10强，上海市机械施工有限公司和华太建设集团有限公司则退出了前10强。

成长性百强2009年企业总收入前10强　　表3-5

序号	百强排名	企业名称	企业总收入（万元）
1	8	东方建设集团有限公司	611784
2	13	江苏省建筑工程集团有限公司	585113
3	1	中建三局第三建筑工程有限责任公司	580563

续表

序号	百强排名	企业名称	企业总收入（万元）
4	37	南京大地建设集团有限责任公司	516881
5	46	恒元建设控股集团有限公司	508752
6	33	浙江宝盛建设集团有限公司	494036
7	2	中国华冶科工集团有限公司	480311
8	6	浙江省长城建设集团股份有限公司	477323
9	26	凯翔集团有限公司	428453
10	20	江苏金土木建设集团有限公司	428156

3. 成长性百强 2010 年企业总收入分布情况

成长性百强 2010 年企业总收入总和为 3110.73 亿元，其中，企业总收入大于或等于 70 亿元、小于 80 亿元的有 3 家，企业总收入大于或等于 60 亿元、小于 70 亿元的有 3 家，企业总收入大于或等于 50 亿元、小于 60 亿元的有 8 家，企业总收入大于或等于 40 亿元、小于 50 亿元的有 7 家，企业总收入大于或等于 30 亿元、小于 40 亿元的有 26 家，企业总收入大于或等于 20 亿元、小于 30 亿元的有 32 家，企业总收入大于或等于 10 亿元、小于 20 亿元的有 21 家。图 3-5 给出了 2010 年成长性百强企业总收入的分布情况。

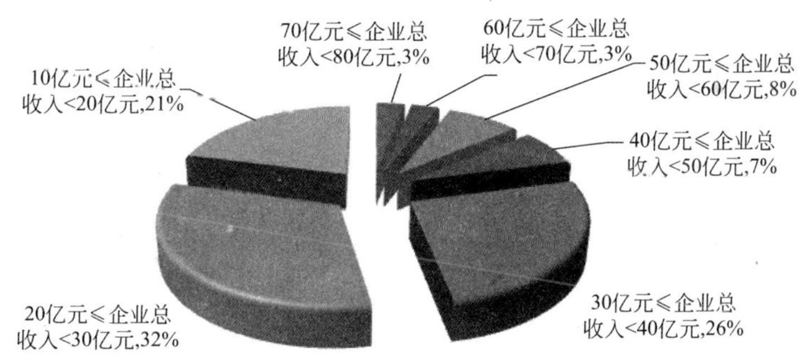

图 3-5　成长性百强 2010 年企业总收入分布情况

成长性百强 2010 年企业总收入排名前 10 的企业如表 3-6 所示。2010 年这 10 家企业总收入之和为 632.86 亿元，占百强企业总收入之和的 20.34％。总收入排名第一的是中建三局第三建筑工程有限责任公

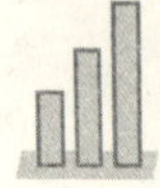

司，其企业总收入达到76.03亿元，占百强企业总收入之和的2.44%；此前两年位居企业总收入榜首的东方建设集团有限公司在2010年排名第二，企业总收入为72.19亿元。中建工业设备安装有限公司、南京宏亚建设集团有限公司、浙江鸿翔建设集团有限公司和江苏邗建集团有限公司进入企业总收入前10强；相反，恒元建设控股集团有限公司、浙江宝盛建设集团有限公司、浙江省长城建设集团股份有限公司和江苏金土木建设集团有限公司则退出了前10强。

成长性百强2010年企业总收入前10强　　表3-6

序号	百强排名	企业名称	企业总收入（万元）
1	1	中建三局第三建筑工程有限责任公司	760290
2	8	东方建设集团有限公司	721946
3	13	江苏省建筑工程集团有限公司	717377
4	37	南京大地建设集团有限责任公司	662603
5	4	中建工业设备安装有限公司	661440
6	2	中国华冶科工集团有限公司	646184
7	26	凯翔集团有限公司	552633
8	47	南京宏亚建设集团有限公司	548566
9	18	浙江鸿翔建设集团有限公司	538121
10	11	江苏邗建集团有限公司	519435

企业总收入连续三年都进入前10的企业有：东方建设集团有限公司、中建三局第三建筑工程有限责任公司、江苏省建筑工程集团有限公司、南京大地建设集团有限责任公司和中国华冶科工集团有限公司。

3.2.1.2　成长性百强企业总收入增长情况分析

1. 成长性百强2009年企业总收入增长情况

对比成长性百强2008年和2009年的企业总收入，可以得出成长性百强2009年企业总收入增长率的分布情况，见图3-6。从图中可以看出，有95家企业总收入取得不同程度的增长，其中有8家企业总收入增长率大于100%，企业总收入增幅最大的是武汉市汉阳市政建设集团公司，其企业总收入增长率达到了255%，企业总收入增幅大于100%

的企业还有：陕西路桥集团有限公司、甘肃路桥建设集团有限公司、凯翔集团有限公司、中城建第六工程局集团有限公司、中标建设集团有限公司、重庆建安建设(集团)有限公司和湖南省衡洲建设有限公司。此外，有10家企业总收入增长率在50%～100%之间，有17家企业总收入增长率在30%～50%之间，有60家企业总收入增长率在0～30%之间。另一方面，有5家企业总收入出现了下滑，其中4家企业总收入减少幅度在10%之内。成长性百强企业在2009年度企业总收入增长率的平均值为31.84%，体现了成长性百强企业良好的增长势头。

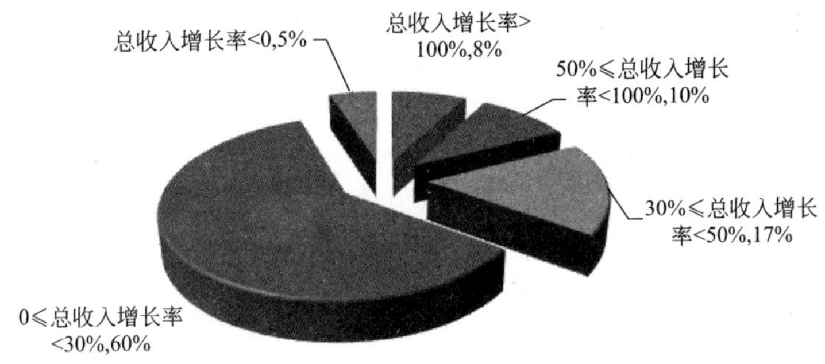

图3-6 成长性百强2009年企业总收入增长率分布情况

2. 成长性百强2010年企业总收入增长情况

对比成长性百强2009年和2010年的企业总收入，可以得出成长性百强2010年企业总收入增长率的分布情况，见图3-7。从图中可以看出，有94家企业总收入取得不同程度的增长，其中有3家企业总收入增长率超过100%，分别为山东兴润建设有限公司、中建商品混凝土有限公司和重庆建安建设(集团)有限公司。重庆建安建设(集团)有限公司是唯一一家连续两年企业总收入增长率都超过100%的企业。此外，有18家企业总收入增长率在50%～100%之间，有20家企业总收入增长率在30%～50%之间，有53家企业总收入增长率在0～30%之间。另一方面，有6家企业总收入出现了下滑，其中5家企业总收入减少幅度在10%之内。成长性百强企业在2010年企业总收入增长率的平均值为31.65%，平均增速较前一年略有下降，但依然保持较高的增长水平。

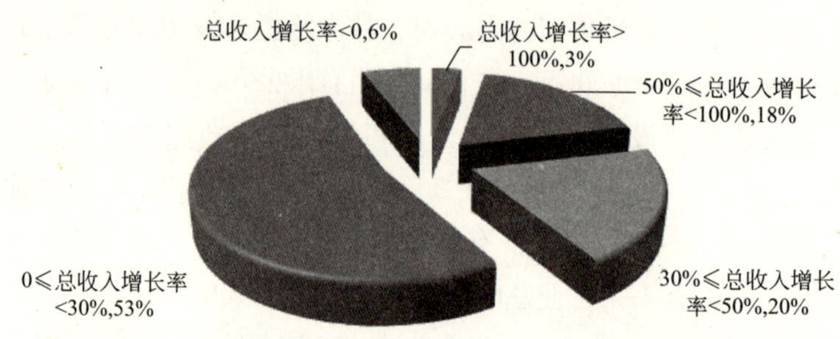

图 3-7 成长性百强 2010 年企业总收入增长率分布情况

3.2.2 建筑业总产值指标分析

3.2.2.1 成长性百强建筑业总产值分布情况

1. 成长性百强 2008 年建筑业总产值分布情况

成长性百强 2008 年建筑业总产值 2103.75 亿元，其中，建筑业总产值大于或等于 70 亿元、小于 80 亿元的有 1 家，建筑业总产值大于或等于 60 亿元、小于 70 亿元的有 1 家，建筑业总产值大于或等于 50 亿元、小于 60 亿元的有 0 家，建筑业总产值大于或等于 40 亿元、小于 50 亿元的有 4 家，建筑业总产值大于或等于 30 亿元、小于 40 亿元的有 11 家，建筑业总产值大于或等于 20 亿元、小于 30 亿元的有 27 家，建筑业总产值大于或等于 10 亿元、小于 20 亿元的有 40 家，建筑业总产值小于 10 亿的企业有 16 家。图 3-8 给出了 2008 年成长性百强建筑业总产值的分布情况。

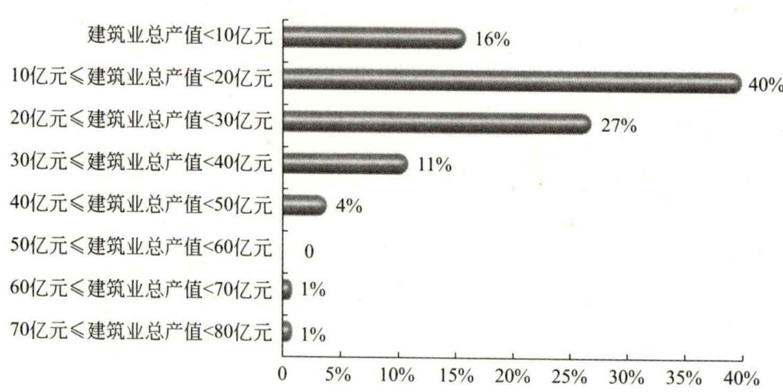

图 3-8 成长性百强 2008 年建筑业总产值分布情况

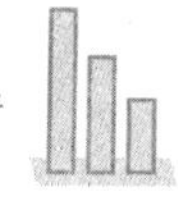

成长性百强2008年建筑业总产值排名前10的企业如表3-7所示。2008年这10家企业建筑业总产值之和为459.38亿元，占百强企业2008年建筑业总产值之和的21.84%。2008年，建筑业总产值排名第一的是东方建设集团有限公司，其建筑业总产值达到72.11亿元，占成长性百强2008年建筑业总产值之和的3.43%。

成长性百强2008年建筑业总产值前10强 **表3-7**

序号	百强排名	企业名称	建筑业总产值（万元）
1	8	东方建设集团有限公司	721087
2	6	浙江省长城建设集团股份有限公司	620306
3	46	恒元建设控股集团有限公司	462158
4	1	中建三局第三建筑工程有限责任公司	428000
5	65	浙江天工建设集团有限公司	418660
6	11	江苏邗建集团有限公司	400150
7	20	江苏金土木建设集团有限公司	395320
8	33	浙江宝盛建设集团有限公司	386088
9	2	中国华冶科工集团有限公司	383781
10	37	南京大地建设集团有限责任公司	378267

2. 成长性百强2009年建筑业总产值分布情况

成长性百强2009年建筑业总产值2543.10亿元，其中，建筑业总产值大于或等于70亿元、小于80亿元的有1家，建筑业总产值大于或等于60亿元、小于70亿元的有0家，建筑业总产值大于或等于50亿元、小于60亿元的有5家，建筑业总产值大于或等于40亿元、小于50亿元的有7家，建筑业总产值大于或等于30亿元、小于40亿元的有17家，建筑业总产值大于或等于20亿元、小于30亿元的有32家，建筑业总产值大于或等于10亿元、小于20亿元的有35家，建筑业总产值小于10亿的企业有3家。图3-9给出了2009年成长性百强企业建筑业总产值的分布情况。

成长性百强2009年建筑业总产值排名前10的企业如表3-8所示。2009年这10家企业建筑业总产值之和为522.61亿元，占成长性百强

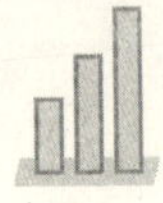

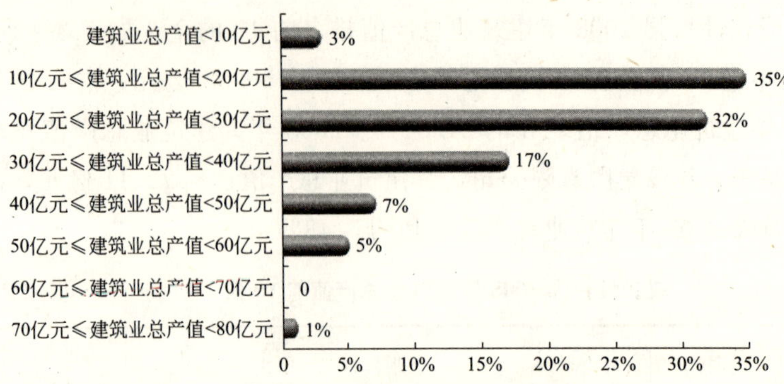

图 3-9 成长性百强 2009 年建筑业总产值分布情况

建筑业总产值之和的 20.55%。2009 年，建筑业总产值排名第一的仍然是东方建设集团有限公司，达到了 76.23 亿元，占成长性百强建筑业总产值之和的 3.00%。江苏省建筑工程集团有限公司进入排名前 10 强，而江苏金土木建设集团有限公司则退出了前 10 强。

成长性百强 2009 年建筑业总产值前 10 强 **表 3-8**

序号	百强排名	企业名称	建筑业总产值（万元）
1	8	东方建设集团有限公司	762338
2	1	中建三局第三建筑工程有限责任公司	580563
3	37	南京大地建设集团有限责任公司	516881
4	13	江苏省建筑工程集团有限公司	513436
5	6	浙江省长城建设集团股份有限公司	510532
6	11	江苏邗建集团有限公司	501113
7	33	浙江宝盛建设集团有限公司	488028
8	46	恒元建设控股集团有限公司	470156
9	2	中国华冶科工集团有限公司	449111
10	65	浙江天工建设集团有限公司	433985

3. 成长性百强 2010 年建筑业总产值分布情况

成长性百强 2010 年建筑业总产值 3299.76 亿元，其中，建筑业总产值大于或等于 90 亿元、小于 100 亿元的有 1 家，建筑业总产值大于或等于 80 亿元、小于 90 亿元的有 0 家，建筑业总产值大于或等于 70

亿元、小于80亿元的有1家，建筑业总产值大于或等于60亿元、小于70亿元的有4家，建筑业总产值大于或等于50亿元、小于60亿元的有9家，建筑业总产值大于或等于40亿元、小于50亿元的有14家，建筑业总产值大于或等于30亿元、小于40亿元的有23家，建筑业总产值大于或等于20亿元、小于30亿元的有29家，建筑业总产值大于或等于10亿元、小于20亿元的有19家。图3-10给出了2010年成长性百强建筑业总产值的分布情况。

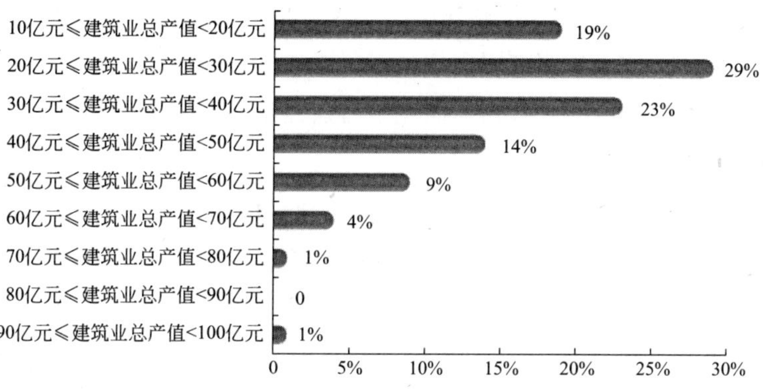

图3-10 成长性百强2010年建筑业总产值分布情况

成长性百强2010年建筑业总产值排名前10的企业如表3-9所示。

成长性百强2010年建筑业总产值前10强 **表3-9**

序号	百强排名	企业名称	建筑业总产值（万元）
1	8	东方建设集团有限公司	900182
2	1	中建三局第三建筑工程有限责任公司	760290
3	11	江苏邗建集团有限公司	697162
4	37	南京大地建设集团有限责任公司	662603
5	4	中建工业设备安装有限公司	661440
6	13	江苏省建筑工程集团有限公司	624999
7	6	浙江省长城建设集团股份有限公司	560006
8	33	浙江宝盛建设集团有限公司	539830
9	63	山东兴润建设有限公司	530500
10	2	中国华冶科工集团有限公司	523434

2010年这10家企业建筑业总产值之和为646.04亿元，占百强建筑业总产值之和的19.58%。2010年，东方建设集团有限公司第三次成为建筑业总产值排名第一的企业，达到了90.02亿元，占百强建筑业总产值之和的2.73%。中建工业设备安装有限公司和山东兴润建设有限公司进入前10强，而恒元建设控股集团有限公司和浙江天工建设集团有限公司则退出前10强。

2008年、2009年和2010年连续三年建筑业总产值都进入前10的企业有：东方建设集团有限公司、中建三局第三建筑工程有限责任公司、南京大地建设集团有限责任公司、浙江省长城建设集团股份有限公司、江苏邗建集团有限公司、浙江宝盛建设集团有限公司和中国华冶科工集团有限公司。

3.2.2.2 成长性百强建筑业总产值增长情况分析

1. 成长性百强2009年建筑业总产值增长情况

对比成长性百强2008年和2009年的建筑业总产值，可以得出成长性百强企业2009年建筑业总产值增长率的分布情况，见图3-11。从图中可以看出，有91家企业建筑业总产值取得不同程度的增长，其中有6家企业建筑业总产值增长率大于100%，建筑业总产值增幅最大的是天津三建建筑工程有限公司，其建筑业总产值增长率达到了637%，建筑业总产值增幅大于100%的企业还有：陕西路桥集团有限公司、甘肃路桥建设集团有限公司、中标建设集团有限公司、武汉市汉阳市政建设集团公司和湖南省衡洲建设有限公司。此外，有15家企业建筑业总产值增长率在50%～100%之间，有20家企业建筑业总产值增长率在

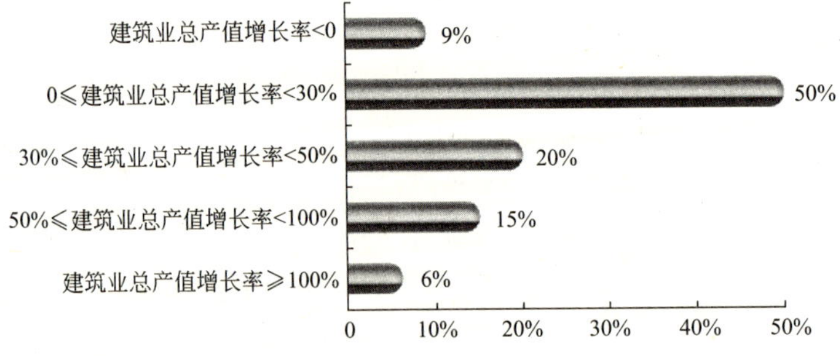

图3-11 成长性百强2009年建筑业总产值增长率分布情况

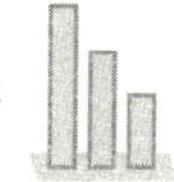

30％～50％之间，有50家企业建筑业总产值增长率在0～30％之间。另一方面，有9家企业建筑业总产值出现了下滑，其中7家企业建筑业总产值减少幅度在20％之内。成长性百强2009年度建筑业总产值增长率的平均值为38.22％，体现了成长性百强具有良好的增长势头。

2. 成长性百强2010年建筑业总产值增长情况

对比成长性百强2009年和2010年的建筑业总产值，可以得出成长性百强2010年建筑业总产值增长率的分布情况，见图3-12。从图中可以看出，有97家企业建筑业总产值取得不同程度的增长，其中有2家企业建筑业总产值增长率大于100％，分别为重庆恒滨建设(集团)有限公司和山东兴润建设有限公司，其建筑业总产值增长率分别为118.78％和125.31％。此外，有20家企业建筑业总产值增长率在50％～100％之间，有22家企业建筑业总产值增长率在30％～50％之间，有53家企业建筑业总产值增长率在0～30％之间。另一方面，有3家企业建筑业总产值出现了下滑，其中2家企业建筑业总产值减少幅度在20％之内。成长性百强2010年度建筑业总产值增长率的平均值为33.06％，虽较上年略有下降，但依旧维持在较高水平。

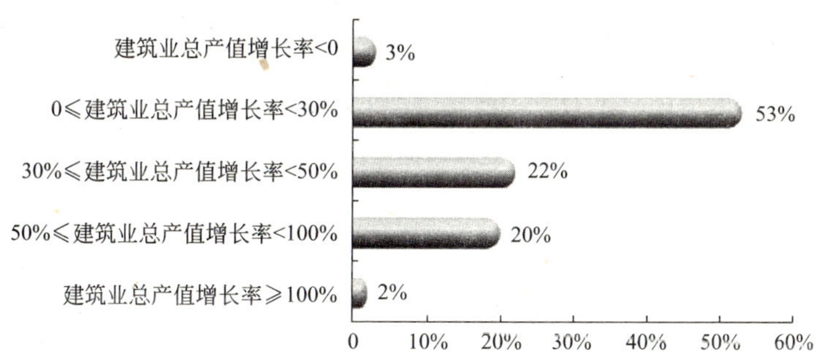

图3-12 成长性百强2010年建筑业总产值增长率分布情况

3.2.3 在省外完成的产值指标分析

1. 成长性百强有省外业务的企业分布情况

企业成长性百强在2008年有53家企业在省外有业务，2009年增长至60家，至2010年增长至63家，近年来成长性百强企业在外省有业务的企业数呈增长趋势。2008～2010年成长性百强有省外业务的企业数量分布如图3-13所示。

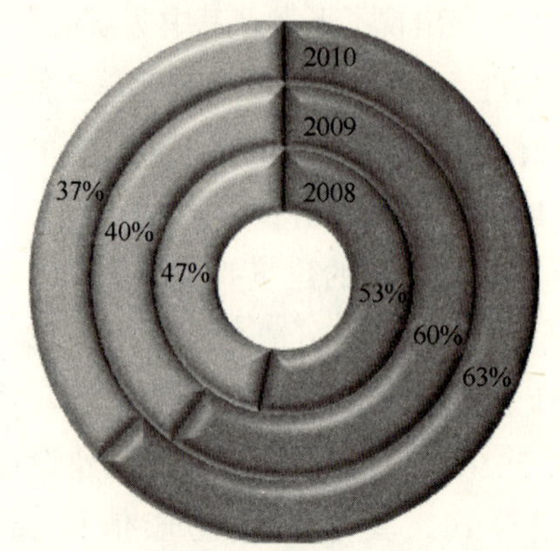

图3-13　成长性百强有省外业务的企业分布

2. 成长性百强2008年省外产值10强

成长性百强2008年在省外完成产值492.19亿元，其中排名前10的企业如表3-10所示。排名前10的企业在省外完成产值332.90亿元，占成长性百强在省外完成产值的67.64%。其中，完成省外产值最多的是东方建设集团有限公司，其在省外完成产值71.11亿元，占成长性百强在省外完成产值的14.45%。值得注意的是，排名前10的企业中，有9家企业来自浙江，反映出浙江省建筑企业超强的外拓能力。

成长性百强2008年在省外完成产值前10强　　　**表3-10**

序号	百强排名	企业名称	在省外完成产值（万元）
1	8	东方建设集团有限公司	711050
2	44	杭州建工集团有限责任公司	685512
3	65	浙江天工建设集团有限公司	341491
4	46	恒元建设控股集团有限公司	283950
5	16	华太建设集团有限公司	266127
6	33	浙江宝盛建设集团有限公司	219103
7	5	浙江东宸建设控股集团有限公司	215888
8	11	江苏邗建集团有限公司	192905
9	98	浙江广宏建设有限公司	161663
10	6	浙江省长城建设集团股份有限公司	151331

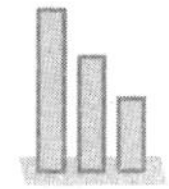

3. 成长性百强2009年省外产值10强

成长性百强2009年在省外完成产值630.13亿元，其中排名前10的企业如表3-11所示。排名前10的企业在省外完成产值367.69亿元，占成长性百强在省外完成产值的58.35%。其中，完成省外产值最多的仍然是东方建设集团有限公司，其在省外完成产值73.95亿元，占成长性百强在省外完成产值的11.74%。凯翔集团有限公司和天颂建设集团有限公司在2009年进入省外完成产值前10强，浙江广宏建设有限公司和浙江省长城建设集团股份有限公司则退出前10强。在外省产值排名前10的企业中，依然有9家企业来自浙江。

成长性百强2009年在省外完成产值前10强 **表3-11**

序号	百强排名	企业名称	在省外完成产值（万元）
1	8	东方建设集团有限公司	739515
2	44	杭州建工集团有限责任公司	622161
3	26	凯翔集团有限公司	359410
4	65	浙江天工建设集团有限公司	339236
5	46	恒元建设控股集团有限公司	310345
6	16	华太建设集团有限公司	294467
7	33	浙江宝盛建设集团有限公司	291947
8	5	浙江东宸建设控股集团有限公司	244193
9	79	天颂建设集团有限公司	240882
10	11	江苏邗建集团有限公司	234742

4. 成长性百强2010年省外产值10强

成长性百强2010年在省外完成产值841.44亿元，其中排名前10的企业如表3-12所示。排名前10的企业在省外完成产值449.48亿元，占成长性百强在省外完成产值的53.42%。其中，东方建设集团有限公司连续三年位居第一，其在省外完成产值82.13亿元，占成长性百强在省外完成产值的9.76%。重庆建安建设在2010年进入省外完成产值前10强，天颂建设集团有限公司则退出前10强。在省外产值排名前10的企业中，有8家企业来自浙江，另两家分别来自江苏和重庆。

成长性百强2010年在省外完成产值前10强　　表3-12

序号	百强排名	企业名称	在省外完成产值（万元）
1	8	东方建设集团有限公司	821252
2	44	杭州建工集团有限责任公司	518571
3	33	浙江宝盛建设集团有限公司	458340
4	26	凯翔集团有限公司	440929
5	5	浙江东宸建设控股集团有限公司	439097
6	65	浙江天工建设集团有限公司	392065
7	76	重庆建安建设(集团)有限公司	369061
8	11	江苏邗建集团有限公司	368325
9	16	华太建设集团有限公司	363567
10	46	恒元建设控股集团有限公司	323546

3.2.4 新签合同额指标分析

3.2.4.1 成长性百强新签合同额分布情况分析

1. 成长性百强2008年新签合同额分布情况

成长性百强2008年新签合同额2081.34亿元。其中，新签合同额大于或等于70亿元、小于80亿元的有1家，新签合同额大于或等于60亿元、小于70亿元的有1家，新签合同额大于或等于50亿元、小于60亿元的有2家，新签合同额大于或等于40亿元、小于50亿元的有5家，新签合同额大于或等于30亿元、小于40亿元的有11家，新签合同额大于或等于20亿元、小于30亿元的有24家，新签合同额大于或等于10亿元、小于20亿元的有37家，新签合同额小于10亿元的有19家。图3-14给出了2008年成长性百强新签合同额的分布情况。

成长性百强2008年新签合同额排名前10的企业如表3-13所示。2008年这10家企业新签合同总额为501.79亿元，占成长性百强企业新签合同总额的24.11%。其中，新签合同额最多的是浙江省长城建设集团股份有限公司，其新签合同额达到73.11亿元，占成长性百强企业新签合同总额的3.51%。

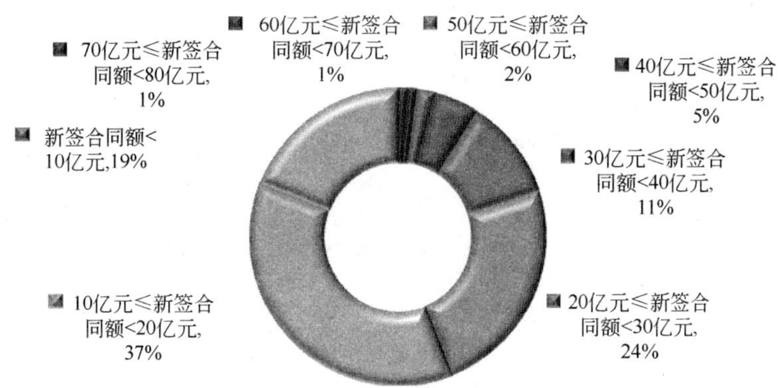

图3-14 成长性百强2008年新签合同额分布情况

成长性百强2008年新签合同额前10强 **表3-13**

序号	百强排名	企业名称	新签合同额（万元）
1	6	浙江省长城建设集团股份有限公司	731162
2	1	中建三局第三建筑工程有限责任公司	650587
3	13	江苏省建筑工程集团有限公司	542939
4	2	中国华冶科工集团有限公司	524645
5	16	华太建设集团有限公司	476219
6	4	中建工业设备安装有限公司	457883
7	8	东方建设集团有限公司	416109
8	65	浙江天工建设集团有限公司	410859
9	11	江苏邗建集团有限公司	409498
10	33	浙江宝盛建设集团有限公司	397963

2. 成长性百强2009年新签合同额分布情况

成长性百强2009年新签合同额2816.11亿元。其中，新签合同额大于100亿元有1家，新签合同额大于或等于60亿元、小于70亿元的有4家，新签合同额大于或等于50亿元、小于60亿元的有3家，新签合同额大于或等于40亿元、小于50亿元的有10家，新签合同额大于或等于30亿元、小于40亿元的有17家，新签合同额大于或等于20亿元、小于30亿元的有34家，新签合同额大于或等于10亿元、小于20亿元的有26家，新签合同额小于10亿元的有5家。图3-15给出了

2009年成长性百强新签合同额的分布情况。

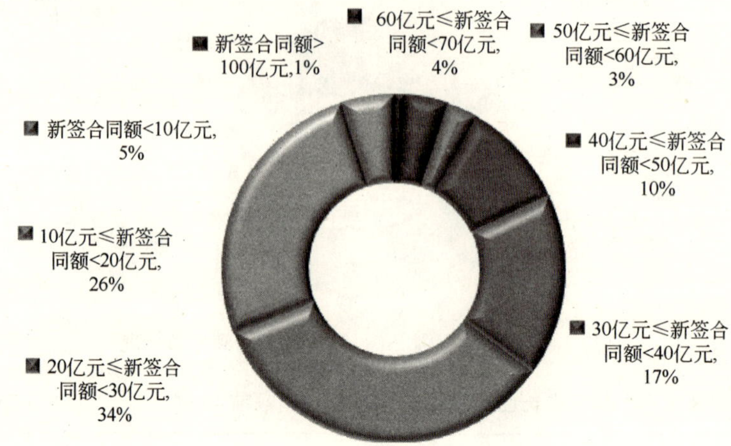

图 3-15 成长性百强 2009 年新签合同额分布情况

成长性百强 2009 年新签合同额排名前 10 的企业如表 3-14 所示。2009 年这 10 家企业新签合同总额为 616.61 亿元，占成长性百强企业新签合同总额的 21.90%。其中，新签合同额最多的是中建三局第三建筑工程有限责任公司，其新签合同额达到 101.48 亿元，占成长性百强企业新签合同总额的 3.60%。

成长性百强 2009 年新签合同额前 10 强 **表 3-14**

序号	百强排名	企业名称	新签合同额（万元）
1	1	中建三局第三建筑工程有限责任公司	1014763
2	6	浙江省长城建设集团股份有限公司	653855
3	4	中建工业设备安装有限公司	652217
4	13	江苏省建筑工程集团有限公司	630172
5	2	中国华冶科工集团有限公司	620381
6	36	广西建工集团第一建筑工程有限责任公司	560300
7	33	浙江宝盛建设集团有限公司	529800
8	31	中交一航局第五工程有限公司	507656
9	16	华太建设集团有限公司	498579
10	20	江苏金土木建设集团有限公司	498344

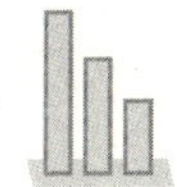

3. 成长性百强2010年新签合同额分布情况

成长性百强2010年新签合同额3791.17亿元。其中，新签合同额大于100亿元有3家，新签合同额大于或等于80亿元、小于90亿元的有2家，新签合同额大于或等于70亿元、小于80亿元的有1家，新签合同额大于或等于60亿元、小于70亿元的有5家，新签合同额大于或等于50亿元、小于60亿元的有7家，新签合同额大于或等于40亿元、小于50亿元的有22家，新签合同额大于或等于30亿元、小于40亿元的有27家，新签合同额大于或等于20亿元、小于30亿元的有12家，新签合同额大于或等于10亿元、小于20亿元的有17家，新签合同额小于10亿元的有4家。图3-16给出了2010年成长性百强新签合同额的分布情况。

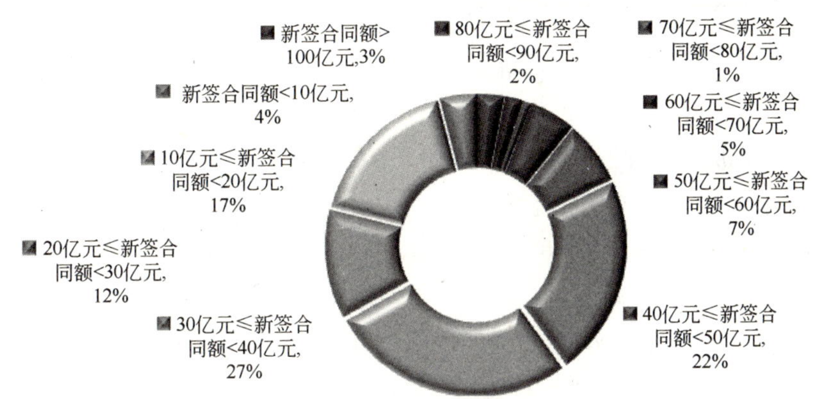

图3-16 成长性百强2010年新签合同额分布情况

成长性百强2010年新签合同额排名前10的企业如表3-15所示。2010年这10家企业新签合同总额为867.70亿元，占成长性百强企业新签合同总额的22.89%。其中，新签合同额最多的仍是中建三局第三建筑工程有限责任公司，其新签合同额达到139.38亿元，占成长性百强企业新签合同总额的3.68%。

成长性百强2010年新签合同额前10强 **表3-15**

序号	百强排名	企业名称	新签合同额（万元）
1	1	中建三局第三建筑工程有限责任公司	1393755
2	2	中国华冶科工集团有限公司	1127847

续表

序号	百强排名	企业名称	新签合同额（万元）
3	4	中建工业设备安装有限公司	1021663
4	36	广西建工集团第一建筑工程有限责任公司	885000
5	13	江苏省建筑工程集团有限公司	859651
6	6	浙江省长城建设集团股份有限公司	751055
7	18	浙江鸿翔建设集团有限公司	670661
8	11	江苏邗建集团有限公司	669365
9	61	中国新兴建设保信总公司	666587
10	8	东方建设集团有限公司	631382

3.2.4.2 成长性百强新签合同额增长情况分析

1. 成长性百强2009年新签合同额增长情况

对比成长性百强2008年和2009年的新签合同额，可以得出成长性百强企业2009年新签合同额增长率的分布情况，见图3-17。从图中可以看出，有86家企业新签合同额取得了不同程度的增长，而另外14家企业中有13家企业2009年新签合同额低于2008年，长春新星宇建筑安装有限责任公司2008年、2009年新签合同额均为0。新签合同额增加的86家企业中，有16家企业新签合同额增长率大于100%，有20家企业新签合同额增长率在50%～100%之间，有19家企业新签合同额增长率在30%～50%之间，有31家企业新签合同额增长率在0～30%之间。

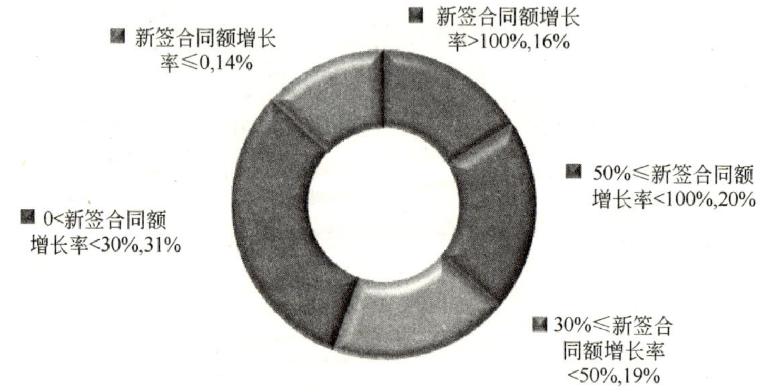

图3-17 成长性百强2009年新签合同额增长率分布情况

2. 成长性百强2010年新签合同额增长情况

对比成长性百强2009年和2010年的新签合同额，可以得出成长性百强2010年新签合同额增长率的分布情况，见图3-18。从图中可以看出，有84家企业新签合同额取得了不同程度的增长，而另外16家企业中有15家企业2010年新签合同额低于2009年，长春新星宇建筑安装有限责任公司，其2009年新签合同额为0。新签合同额增加的84家企业中，有14家企业新签合同额增长率大于100%，有22家企业新签合同额增长率在50%～100%之间，有18家企业新签合同额增长率在30%～50%之间，有30家企业新签合同额增长率在0～30%之间。

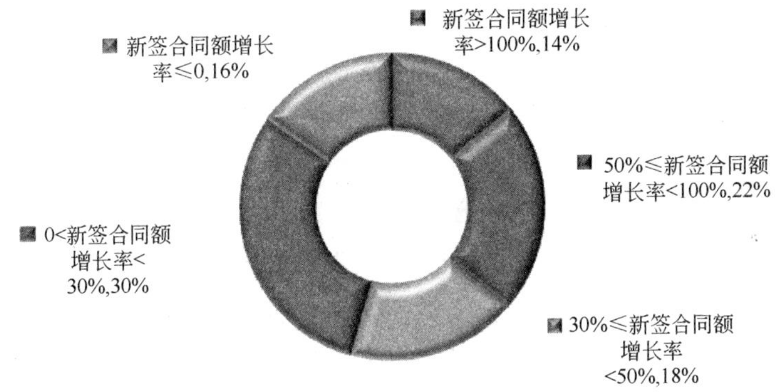

图3-18　成长性百强2010年新签合同额增长率分布情况

3.2.5　总资产指标分析

成长性百强企业总资产在2008～2010年呈现稳步增长趋势，2008年、2009年、2010年百强总资产之和分别为1091.62亿元、1322.14亿元和1680.01亿元。成长性百强总资产平均增长率为24.06%，展现了良好的发展势头。

3.2.5.1　成长性百强总资产分布情况分析

1. 成长性百强2008年总资产分布情况

成长性百强中，2008年总资产大于或等于30亿元、小于40亿元的有2家，总资产大于或等于20亿元、小于30亿元的有6家，总资产大于或等于10亿元、小于20亿元的有38家，总资产大于或等于5亿元、小于 10 亿元的有 34 家，总资产大于或等于 1 亿元、小于 5 亿元的有 20 家。图 3-19 给出了 2008 年成长性百强总资产的分布情况。

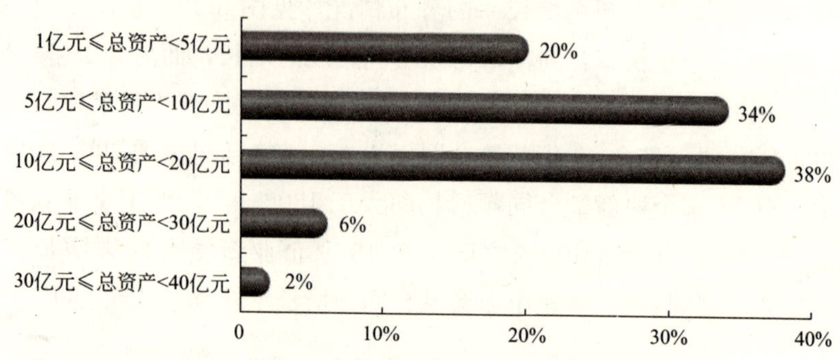

图 3-19　成长性百强 2008 年总资产分布情况

成长性百强 2008 年总资产排名前 10 的企业如表 3-16 所示。2008 年这 10 家企业总资产之和为 249.37 亿元，占百强总资产之和的 22.84%。其中，总资产排名第一的是中国华冶科工集团有限公司，其总资产达到 37.24 亿元，占成长性百强总资产之和的 3.41%。

成长性百强资产 2008 年总资产前 10 强　　　　**表 3-16**

序号	百强排名	企业名称	总资产（万元）
1	2	中国华冶科工集团有限公司	372381
2	29	威海建设集团股份有限公司	322188
3	20	江苏金土木建设集团有限公司	290554
4	43	济南四建(集团)有限责任公司	275687
5	1	中建三局第三建筑工程有限责任公司	222639
6	97	济南一建集团总公司	209425
7	74	山东三箭建设工程股份有限公司	208546
8	47	南京宏亚建设集团有限公司	201786
9	60	深圳市建工集团股份有限公司	197877
10	35	上海市机械施工有限工公司	192666

2. 成长性百强 2009 年总资产分布情况

成长性百强中，2009 年总资产大于或等于 40 亿元、小于 50 亿元的有 1 家，总资产大于或等于 30 亿元、小于 40 亿元的有 4 家，总资产

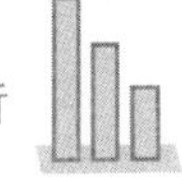

大于或等于20亿元、小于30亿元的有13家，总资产大于或等于10亿元、小于20亿元的有40家，总资产大于或等于5亿元、小于10亿元的有32家，总资产大于或等于1亿元、小于5亿元的有10家。图3-20给出了2009年成长性百强总资产的分布情况。

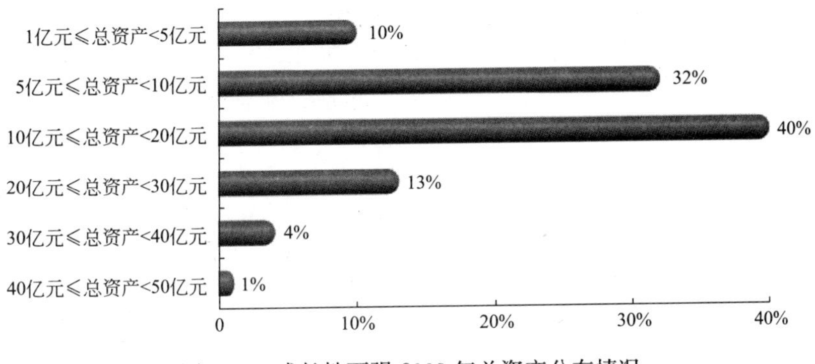

图3-20　成长性百强2009年总资产分布情况

成长性百强2009年总资产排名前10的企业如表3-17所示。2009年这10家企业总资产之和为302.27亿元，占百强总资产之和的22.86%。其中，总资产排名第一的仍然是中国华冶科工集团有限公司，其总资产达到48.43亿元，是唯一一家总资产超过40亿元的企业，占百强总资产之和的3.66%。

成长性百强2009年总资产前10强　　**表3-17**

序号	百强排名	企业名称	总资产(万元)
1	2	中国华冶科工集团有限公司	484332
2	20	江苏金土木建设集团有限公司	332466
3	29	威海建设集团股份有限公司	330677
4	43	济南四建(集团)有限责任公司	326713
5	47	南京宏亚建设集团有限公司	318165
6	1	中建三局第三建筑工程有限责任公司	257110
7	4	中建工业设备安装有限公司	251470
8	31	中交一航局第五工程有限公司	247467
9	11	江苏邗建集团有限公司	237829
10	74	山东三箭建设工程股份有限公司	236447

3. 成长性百强2010年总资产分布情况

成长性百强中，2010年总资产大于50亿元的有1家，总资产大于或等于40亿元、小于50亿元的有2家，总资产大于或等于30亿元、小于40亿元的有9家，总资产大于或等于20亿元、小于30亿元的有21家，总资产大于或等于10亿元、小于20亿元的有33家，总资产大于或等于5亿元、小于10亿元的有29家，总资产大于或等于1亿元、小于5亿元的有5家。图3-21给出了2010年成长性百强总资产的分布情况。

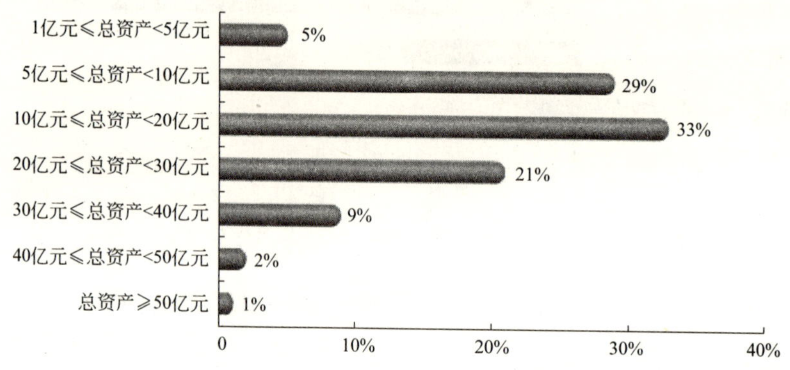

图3-21 成长性百强2010年总资产分布情况

成长性百强2010年总资产排名前10的企业如表3-18所示。

成长性百强企业2010年总资产前10强 **表3-18**

序号	百强排名	企业名称	总资产（万元）
1	2	中国华冶科工集团有限公司	577081
2	47	南京宏亚建设集团有限公司	458529
3	29	威海建设集团股份有限公司	448547
4	43	济南四建(集团)有限责任公司	370340
5	11	江苏邗建集团有限公司	363915
6	20	江苏金土木建设集团有限公司	351981
7	4	中建工业设备安装有限公司	350481
8	31	中交一航局第五工程有限公司	341297
9	33	浙江宝盛建设集团有限公司	338586
10	1	中建三局第三建筑工程有限责任公司	326400

2010年这10家企业总资产之和为392.72亿元，占百强总资产之和的23.38%。其中，总资产排名第一的仍是中国华冶科工集团有限公司，其总资产达到57.71亿元，是唯一一家总资产超过50亿元的企业，占百强总资产之和的3.44%。

3.2.5.2　成长性百强总资产增长情况分析

1. 成长性百强2009年总资产增长情况

对比成长性百强2008年和2009年的总资产，可以得出成长性百强2009年总资产增长率的分布情况，见图3-22。从图中可以看出，有91家企业总资产较2008年有所增长，其中4家企业增长率大于100%，分别为：凯翔集团有限公司、中城建第六工程局集团有限公司、浙江宝盛建设集团有限公司和海南省第二建筑工程公司，有12家企业总资产增长率在50%～100%之间，有16家企业总资产增长率在30%～50%之间，有59家企业总资产增长率在0～30%之间，此外，还有9家企业总资产较2008年有所减少。成长性百强企业2009年总资产增长率为26.19%。

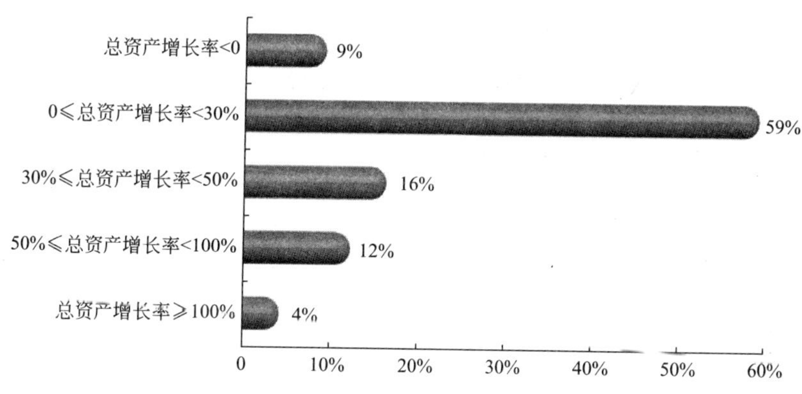

图3 22　成长性百强2009年总资产增长率分布情况

2. 成长性百强2010年总资产增长情况

对比成长性百强2009年和2010年的总资产，可以得出成长性百强2010年总资产增长率的分布情况，见图3-23。从图中可以看出，有91家企业总资产较2009年有所增长，其中3家企业增长率大于100%，分别为：中城建第六工程局集团有限公司、天津三建建筑工程有限公司、浙江东宸建设控股集团有限公司，其中中城建第六工程局集团有限公司是唯一一家连续两年总资产增长率都大于100%的企业。有15家企业总资产增长率在50%～100%之间，有17家企业总资产增长率在30%～50%之间，有56家企业总资产增长率在0～30%之间，此外，还有9家企业总资产较2009年有所减少。成长性百强企业2010年总资产增长率为28.36%。

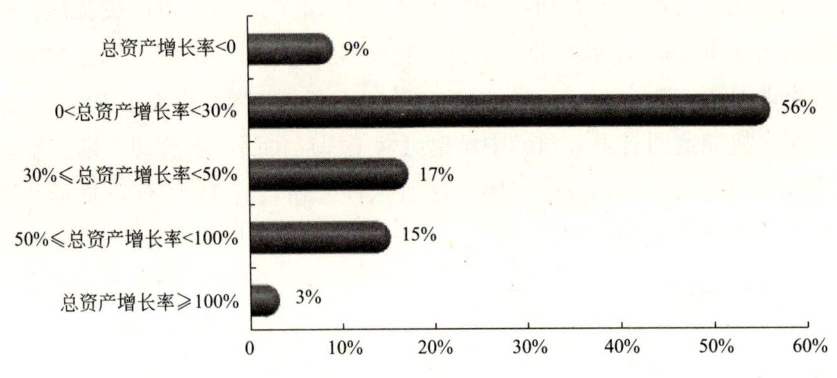

图3-23 成长性百强2010年总资产增长率分布情况

3.2.6 净资产指标分析

成长性百强企业净资产在2008～2010年呈现稳步增长趋势，2008年、2009年、2010年净资产之和分别为247.80亿元、322.89亿元和421.07亿元，净资产平均增长率为30.35%，展现了良好的发展势头。

3.2.6.1 成长性百强净资产分布情况分析

1. 成长性百强2008年净资产分布情况

成长性百强中，2008年净资产大于10亿元的有1家，净资产大于或等于5亿元、小于10亿元的有8家，净资产大于或等于4亿元、小于5亿元的有8家，净资产大于或等于3亿元、小于4亿元的有10家，净资产大于或等于2亿元、小于3亿元的有25家，净资产大于或等于1亿元、小于2亿元的有30家，净资产小于1亿元的有18家。图3-24给出了2008年成长性百强净资产的分布情况。

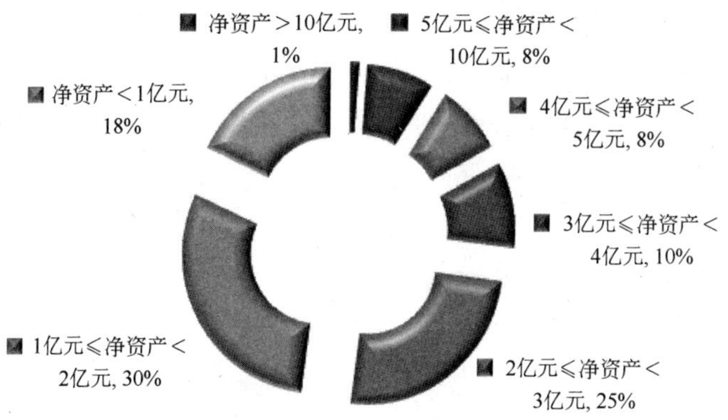

图 3-24　成长性百强 2008 年净资产分布情况

成长性百强 2008 年净资产排名前 10 的企业如表 3-19 所示。2008 年这 10 家企业净资产之和为 66.58 亿元，占成长性百强净资产之和的 26.87%。其中，净资产排名第一的是南京宏亚建设集团有限公司，其净资产达到 16.11 亿元，是唯一一家净资产超过 10 亿元的企业，占百强净资产之和的 6.50%。

成长性百强 2008 年净资产前 10 强　　　　**表 3-19**

序号	百强排名	企业名称	净资产（万元）
1	47	南京宏亚建设集团有限公司	161146
2	20	江苏金土木建设集团有限公司	73714
3	65	浙江天工建设集团有限公司	64469
4	33	浙江宝盛建设集团有限公司	57517
5	16	华太建设集团有限公司	55727
6	2	中国华冶科工集团有限公司	52616
7	41	中国石化集团第四建设公司	51486
8	58	重庆中科建设(集团)有限公司	51137
9	44	杭州建工集团有限责任公司	50509
10	50	中国石油天然气第六建设公司	47432

2. 成长性百强 2009 年净资产分布情况

成长性百强中，2009 年净资产大于 10 亿元的有 1 家，净资产大于或等于 5 亿元、小于 10 亿元的有 17 家，净资产大于或等于 4 亿元、小于5亿元的有8家，净资产大于或等于3亿元、小于4亿元的有14家，净资产大于或等于2亿元、小于3亿元的有22家，净资产大于或等于1亿元、小于2亿元的有27家，净资产小于1亿元的有11家。图3-25给出了2009年成长性百强净资产的分布情况。

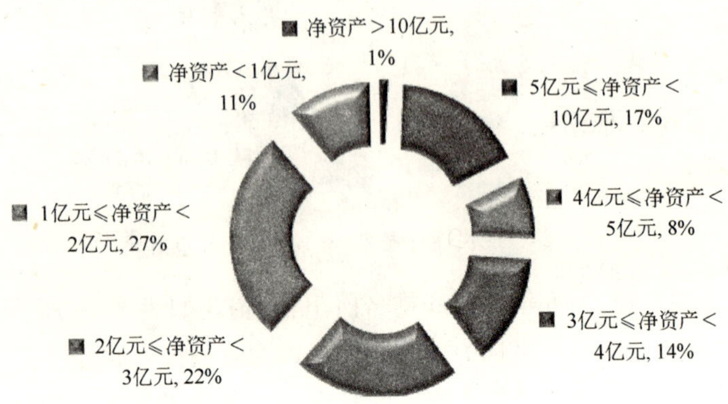

图3-25 成长性百强2009年净资产分布情况

成长性百强2009年净资产排名前10的企业如表3-20所示。2009年这10家企业净资产之和为92.69亿元，占百强净资产之和的28.71%。其中，净资产排名第一的仍然是南京宏亚建设集团有限公司，其净资产达到25.72亿元，占百强净资产之和的7.97%。

成长性百强2009年净资产前10强 **表3-20**

序号	百强排名	企业名称	净资产（万元）
1	47	南京宏亚建设集团有限公司	257175
2	58	重庆中科建设(集团)有限公司	85353
3	2	中国华冶科工集团有限公司	82155
4	20	江苏金土木建设集团有限公司	80924
5	26	凯翔集团有限公司	77894
6	11	江苏邗建集团有限公司	74498
7	4	中建工业设备安装有限公司	69237
8	65	浙江天工建设集团有限公司	69133
9	16	华太建设集团有限公司	66388
10	13	江苏省建筑工程集团有限公司	64191

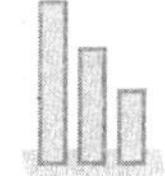

3. 成长性百强2010年净资产分布情况

成长性百强中，2010年净资产大于20亿元的有1家，净资产大于或等于10亿元、小于20亿元的有2家，净资产大于或等于5亿元、小于10亿元的有28家，净资产大于或等于4亿元、小于5亿元的有10家，净资产大于或等于3亿元、小于4亿元的有13家，净资产大于或等于2亿元、小于3亿元的有20家，净资产大于或等于1亿元、小于2亿元的有21家，净资产小于1亿元的有5家。图3-26给出了2010年成长性百强净资产的分布情况。

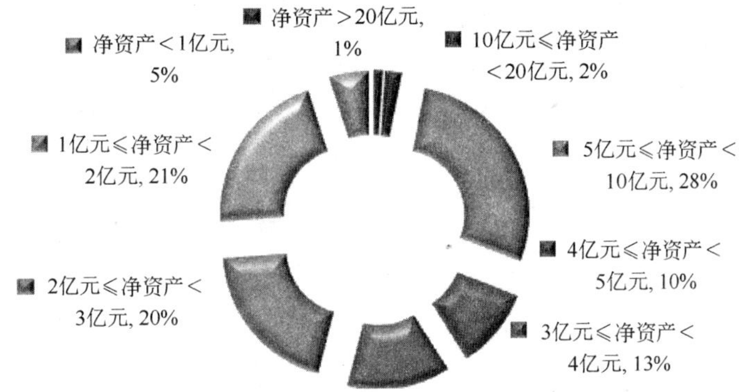

图3-26 成长性百强2010年净资产分布情况

成长性百强2010年净资产排名前10的企业如表3-21所示。

成长性百强2010年净资产前10强 **表3-21**

序号	百强排名	企业名称	净资产(万元)
1	47	南京宏亚建设集团有限公司	354121
2	58	重庆中科建设(集团)有限公司	129597
3	26	凯翔集团有限公司	114679
4	11	江苏邗建集团有限公司	99718
5	4	中建工业设备安装有限公司	94232
6	2	中国华冶科工集团有限公司	90755
7	20	江苏金土木建设集团有限公司	89354
8	33	浙江宝盛建设集团有限公司	83425
9	68	中建商品混凝土有限公司	81254
10	16	华太建设集团有限公司	78896

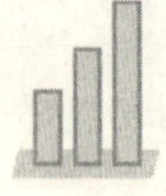

2010年这10家企业净资产之和为121.60亿元，占百强净资产之和的28.88%。其中，净资产排名第一的还是南京宏亚建设集团有限公司，其净资产达到35.41亿元，占百强净资产之和的8.41%。

3.2.6.2 成长性百强净资产增长情况分析

1. 成长性百强2009年净资产增长情况

对比成长性百强2008年和2009年的净资产，可以得出成长性百强2009年净资产增长率的分布情况，见图3-27。从图中可以看出，有93家企业净资产较2008年有所增长，其中6家企业增长率大于100%，分别为：中化二建集团有限公司、中建工业设备安装有限公司、重庆恒滨建设(集团)有限公司、中城建第六工程局集团有限公司、南京大地建设集团有限责任公司和浙江精工钢结构有限公司，有15家企业净资产增长率在50%～100%之间，有17家企业净资产增长率在30%～50%之间，有55家企业净资产增长率在0～30%之间。此外，还有7家企业净资产较2008年有所减少。成长性百强企业2009年净资产增长率为33.53%。

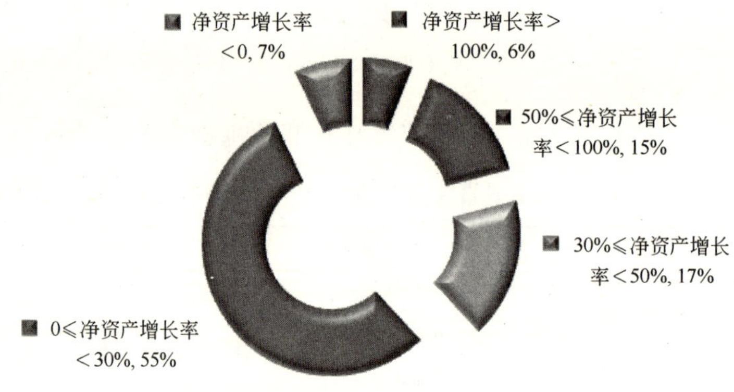

图3-27 成长性百强2009年净资产增长率分布情况

2. 成长性百强2010年净资产增长情况

对比成长性百强2009年和2010年的净资产，可以得出成长性百强2010年净资产增长率的分布情况，见图3-28。从图中可以看出，有97家企业净资产较2009年有所增长，其中6家企业增长率大于100%，分别为：广东省基础工程公司、中城建第六工程局集团有限公司、中标建设集团有限公司、海南省第五建筑工程公司、海南省第二建筑工程公司和广东金辉华集团有限公司，其中中城建第六工程局集团有限公司是唯一一家连续两年净资产增长率都大于100%的企业。有17家企业净资产增长率在50%～100%之间，有14家企业净资产增长率在30%～50%之间，有60家企业净资产增长率在0～30%之间，此外，还有3家企业净资产较2009年有所减少。成长性百强企业净资产增长率为41.04%。

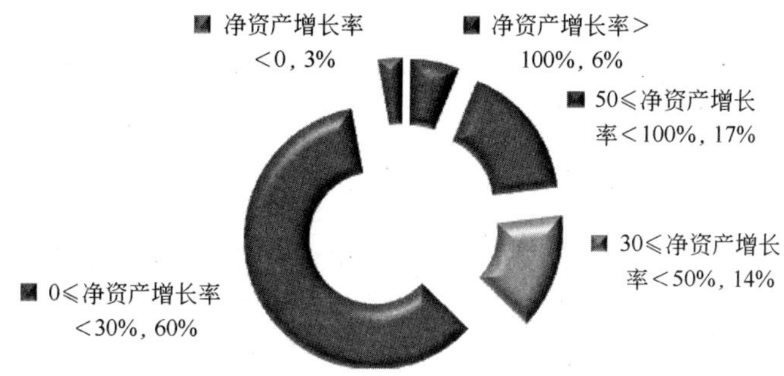

图3-28　成长性百强2010年净资产增长率分布情况

3.3　成长性百强效益成长性分析

3.3.1　利润总额指标分析

3.3.1.1　成长性百强利润总额分布情况分析

1. 成长性百强2008年利润总额分布情况

成长性百强2008年利润总额为51.82亿元。其中，利润总额大于2亿元的有3家，利润总额大于或等于1亿元、小于2亿元的有8家，利润总额大于或等于0.5亿元、小于1亿元的有23家，利润总额大于或等于0.2亿元、小于0.5亿元的有31家，利润总额大于或等于0.1亿元、小于0.2亿元的有20家，利润总额小于0.1亿元的有15家。图3-29给出了2008年成长性百强利润总额的分布情况。

成长性百强2008年利润总额排名前10的企业如表3-22所示。2008年这10家企业利润总额之和为21.42亿元，占百强利润总额之和

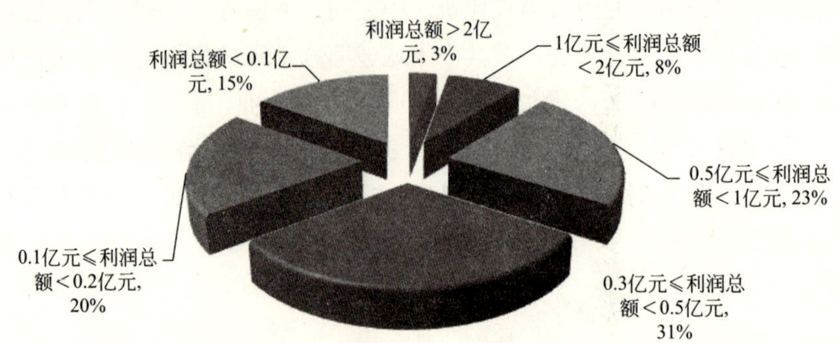

图 3-29　成长性百强 2008 年利润总额分布情况

的 41.33％。其中，利润总额排名第一的是天保建设集团有限公司，其利润总额为 4.68 亿元，占百强利润总额之和的 9.03％。

成长性百强 2008 年利润总额前 10 强　　表 3-22

序号	百强排名	企业名称	利润总额（万元）
1	55	天保建设集团有限公司	46800
2	47	南京宏亚建设集团有限公司	33946
3	58	重庆中科建设(集团)有限公司	30545
4	13	江苏省建筑工程集团有限公司	19072
5	17	山东德建集团有限公司	16598
6	81	东海建设集团有限公司	16098
7	11	江苏邗建集团有限公司	15241
8	21	河南省大成建设工程有限公司	13289
9	20	江苏金土木建设集团有限公司	11660
10	16	华太建设集团有限公司	10927

2. 成长性百强 2009 年利润总额分布情况

成长性百强 2009 年利润总额为 76.14 亿元。其中，利润总额大于 6 亿元的有 2 家，利润总额大于或等于 3 亿元、小于 4 亿元的有 1 家，利润总额大于或等于 2 亿元、小于 3 亿元的有 3 家，利润总额大于或等于 1 亿元、小于 2 亿元的有 14 家，利润总额大于或等于 0.5 亿元、小于 1

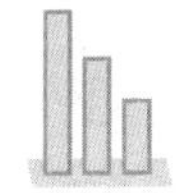

亿元的有 26 家，利润总额大于或等于 0.2 亿元、小于 0.5 亿元的有 29 家，利润总额大于或等于 0.1 亿元、小于 0.2 亿元的有 15 家，利润总额小于 0.1 亿元的有 10 家。图 3-30 给出了 2009 年成长性百强利润总额的分布情况。

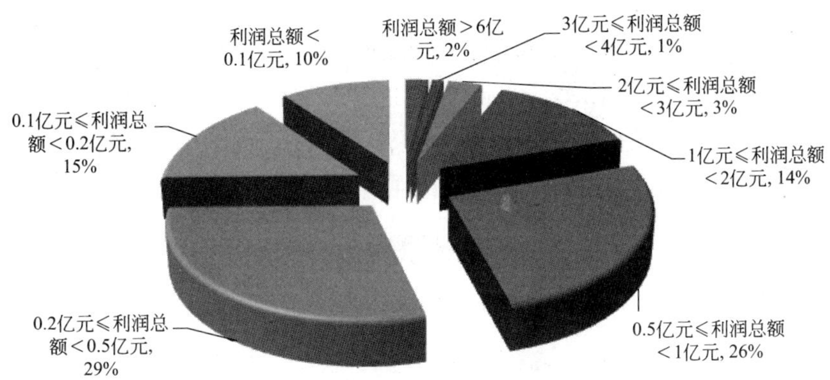

图 3-30　成长性百强 2009 年利润总额分布情况

成长性百强 2009 年利润总额排名前 10 的企业如表 3-23 所示。2009 年这 10 家企业利润总额之和为 31.48 亿元，占百强利润总额之和的 41.35%。其中，利润总额排名第一的仍然是南京宏亚建设集团有限公司，其利润总额为 6.54 亿元，占百强利润总额之和的 8.59%。

成长性百强 2009 年利润总额前 10 强　　**表 3-23**

序号	百强排名	企业名称	利润总额(万元)
1	47	南京宏亚建设集团有限公司	65403
2	55	天保建设集团有限公司	60000
3	58	重庆中科建设(集团)有限公司	39172
4	26	凯翔集团有限公司	28278
5	13	江苏省建筑工程集团有限公司	24562
6	17	山东德建集团有限公司	23946
7	76	重庆建安建设(集团)有限公司	18942
8	11	江苏邗建集团有限公司	18814
9	38	浙江精工钢结构有限公司	18444
10	81	东海建设集团有限公司	17275

3. 成长性百强2010年利润总额分布情况

成长性百强2010年利润总额为112.15亿元。其中，利润总额大于10亿元的有2家，利润总额大于或等于5亿元、小于10亿元的有1家，利润总额大于或等于3亿元、小于5亿元的有4家，利润总额大于或等于2亿元、小于3亿元的有5家，利润总额大于或等于1亿元、小于2亿元的有23家，利润总额大于或等于0.5亿元、小于1亿元的有26家，利润总额大于或等于0.2亿元、小于0.5亿元的有24家，利润总额大于或等于0.1亿元、小于0.2亿元的有11家，利润总额小于0.1亿元的有4家。图3-31给出了2010年成长性百强利润总额的分布情况。

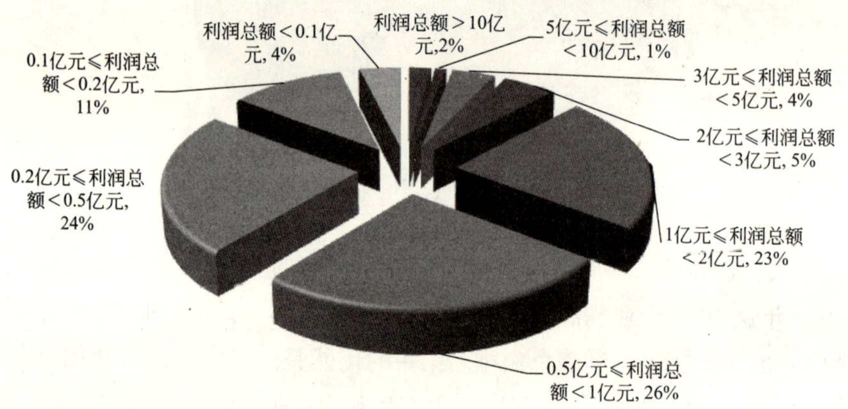

图3-31 成长性百强2010年利润总额分布情况

成长性百强2010年利润总额排名前10的企业如表3-24所示。2010年这10家企业利润总额之和为48.87亿元，占百强利润总额之和的43.57%。其中，利润总额排名第一的是天保建设集团有限公司，其利润总额为11.64亿元，占百强利润总额之和的10.38%。

成长性百强2010年利润总额前10强 **表3-24**

序号	百强排名	企业名称	利润总额（万元）
1	55	天保建设集团有限公司	116400
2	47	南京宏亚建设集团有限公司	102943
3	58	重庆中科建设(集团)有限公司	52052
4	11	江苏邗建集团有限公司	39506

续表

序号	百强排名	企业名称	利润总额（万元）
5	76	重庆建安建设(集团)有限公司	35519
6	4	中建工业设备安装有限公司	33976
7	13	江苏省建筑工程集团有限公司	30265
8	17	山东德建集团有限公司	29796
9	26	凯翔集团有限公司	24955
10	81	东海建设集团有限公司	23270

3.3.1.2　成长性百强利润总额增长情况分析

1. 成长性百强 2009 年利润总额增长情况

对比成长性百强 2008 年和 2009 年的利润总额，可以得出成长性百强 2009 年利润总额增长率的分布情况，见图 3-32。从图中可以看出，有 90 家企业利润总额较 2008 年有所增长，其中 21 家企业利润总额增长率大于 100%，有 11 家企业利润总额增长率在 50%～100%之间，有 19 家企业利润总额增长率在 30%～50%之间，有 39 家企业利润总额增长率在 0～30%之间，另外还有 10 家企业利润总额增长率为负。成长性百强 2009 年利润总额平均较 2008 年增长 46.95%。

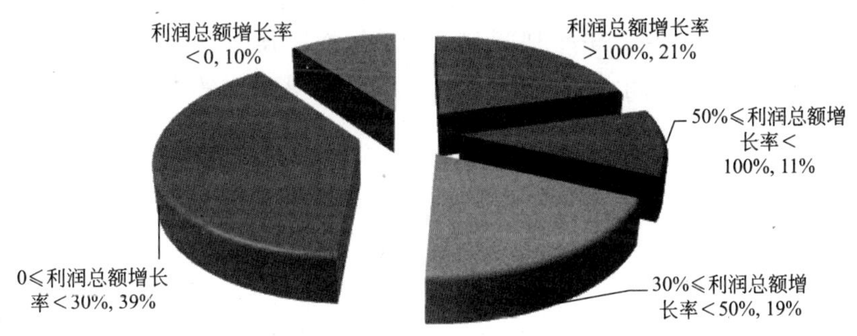

图 3-32　成长性百强 2009 年利润总额增长率分布情况

2. 成长性百强 2010 年利润总额增长率

对比成长性百强 2009 年和 2010 年的利润总额，可以得出成长性百强 2010 年利润总额增长率的分布情况，见图 3-33。从图中可以看出，有 91 家企业利润总额较 2009 年有所增长，其中有 24 家企业利润总额增长率大于100%，有15家企业利润总额增长率在50%～100%之间，有17家企业利润总额增长率在30%～50%之间，有35家企业利润总额增长率在0～30%之间，另外还有9家企业利润总额增长率为负。成长性百强2010年利润总额平均较2009年增长47.29%。

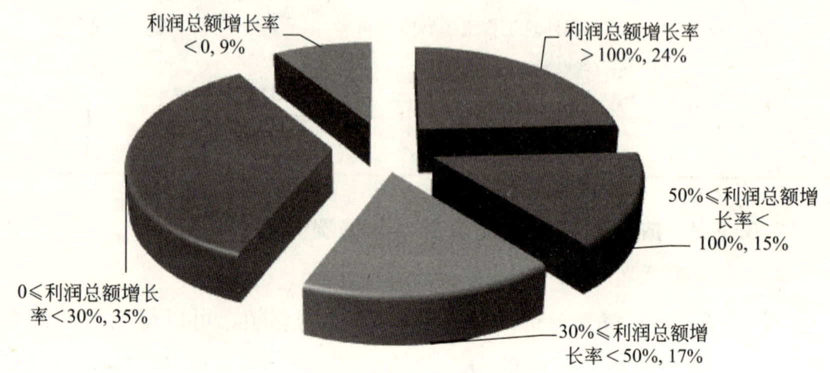

图3-33　成长性百强2010年利润总额增长率分布情况

3.3.2　净利润指标分析

3.3.2.1　成长性百强净利润分布情况分析

1. 成长性百强2008年净利润分布情况

成长性百强2008年净利润为39.19亿元。其中，净利润大于3亿元的有1家，净利润大于或等于2亿元、小于3亿元的有2家，净利润大于或等于1亿元、小于2亿元的有5家，净利润大于或等于0.5亿元、小于1亿元的有12家，净利润大于或等于0.4亿元、小于0.5亿元的有10家，净利润大于或等于0.3亿元、小于0.4亿元的有12家，净利润大于或等于0.2亿元、小于0.3亿元的有15家，净利润大于或等于0.1亿元、小于0.2亿元的有18家，净利润小于0.1亿元的有25家。图3-34给出了成长性百强2008年净利润的分布情况。

成长性百强2008年净利润排名前10的企业如表3-25所示。2008年这10家企业净利润之和为16.84亿元，占成长性百强净利润总和的42.96%。其中，净利润排名第一的是天保建设集团有限公司，其净利润为3.51亿元，占成长性百强净利润总和的8.96%。

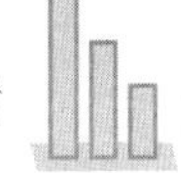

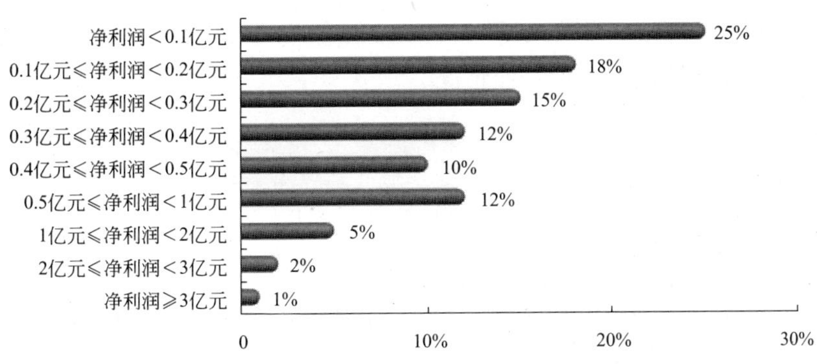

图 3-34 成长性百强 2008 年净利润分布情况

成长性百强 2008 年净利润前 10 强 **表 3-25**

序号	百强排名	企业名称	净利润（万元）
1	55	天保建设集团有限公司	35100
2	58	重庆中科建设(集团)有限公司	27637
3	47	南京宏亚建设集团有限公司	25460
4	13	江苏省建筑工程集团有限公司	15897
5	17	山东德建集团有限公司	12448
6	81	东海建设集团有限公司	12073
7	11	江苏邗建集团有限公司	11399
8	21	河南省大成建设工程有限公司	11394
9	20	江苏金土木建设集团有限公司	8784
10	16	华太建设集团有限公司	8196

2. 成长性百强 2009 年净利润规模分布情况

成长性百强 2009 年净利润为 57.72 亿元。其中，净利润大于 4 亿元的有 2 家，净利润大于或等于 3 亿元、小于 4 亿元的有 1 家，净利润大于或等于 2 亿元、小于 3 亿元的有 1 家，净利润大于或等于 1 亿元、小于 2 亿元的有 11 家，净利润大于或等于 0.5 亿元、小于 1 亿元的有 21 家，净利润大于或等于 0.4 亿元、小于 0.5 亿元的有 8 家，净利润大于或等于 0.3 亿元、小于 0.4 亿元的有 9 家，净利润大于或等于 0.2 亿元、小于 0.3 亿元的有 12 家，净利润大于或等于 0.1 亿元、小于 0.2

亿元的有19家，净利润小于0.1亿元的有16家。图3-35给出了成长性百强2009年净利润的分布情况。

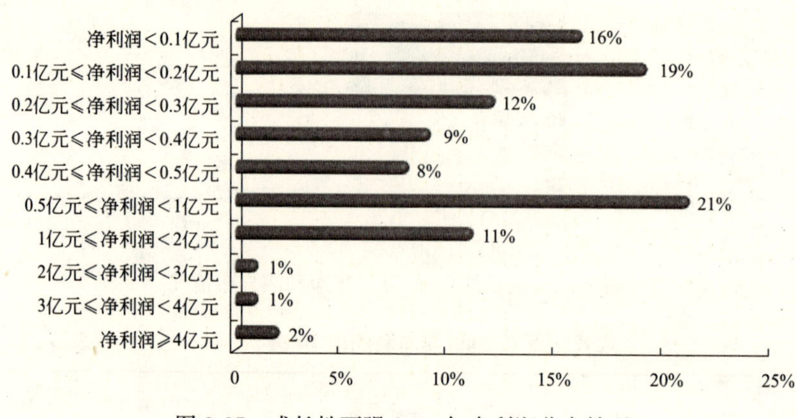

图3-35　成长性百强2009年净利润分布情况

成长性百强2009年净利润排名前10的企业如表3-26所示。2009年这10家企业净利润之和为24.60亿元，占成长性百强净利润总和的42.63%。其中，净利润排名第一的是南京宏亚建设集团有限公司，其净利润为4.91亿元，占成长性百强净利润总和的8.51%。

成长性百强2009年净利润前10强　　**表3-26**

序号	百强排名	企业名称	净利润(万元)
1	47	南京宏亚建设集团有限公司	49052
2	55	天保建设集团有限公司	45000
3	58	重庆中科建设(集团)有限公司	34216
4	26	凯翔集团有限公司	26177
5	13	江苏省建筑工程集团有限公司	18135
6	17	山东德建集团有限公司	17960
7	76	重庆建安建设(集团)有限公司	14874
8	11	江苏邗建集团有限公司	14111
9	21	河南省大成建设工程有限公司	13403
10	8	东方建设集团有限公司	13116

3. 成长性百强2010年净利润规模分布情况

成长性百强2010年净利润为84.68亿元。其中，净利润大于5亿元的有 2 家，净利润大于或等于 3 亿元、小于 5 亿元的有 2 家，净利润大于或等于 2 亿元、小于 3 亿元的有 5 家，净利润大于或等于 1 亿元、小于 2 亿元的有 11 家，净利润大于或等于 0.5 亿元、小于 1 亿元的有 30 家，净利润大于或等于 0.4 亿元、小于 0.5 亿元的有 8 家，净利润大于或等于 0.3 亿元、小于 0.4 亿元的有 5 家，净利润大于或等于 0.2 亿元、小于 0.3 亿元的有 15 家，净利润大于或等于 0.1 亿元、小于 0.2 亿元的有 13 家，净利润小于 0.1 亿元的有 9 家。图 3-36 给出了成长性百强 2010 年净利润的分布情况。

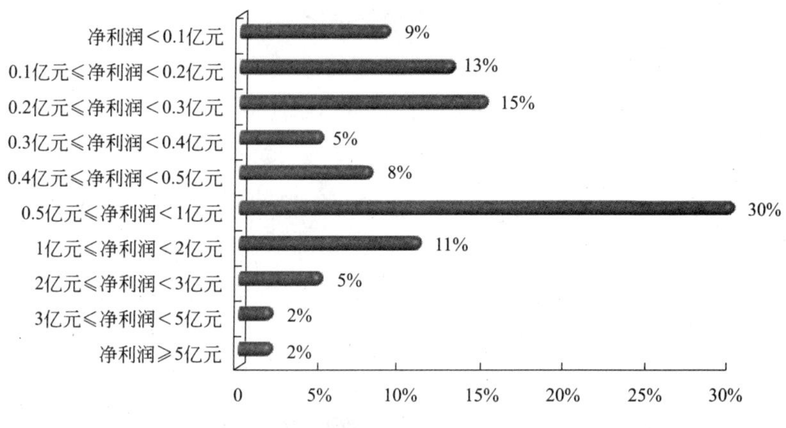

图 3-36　成长性百强 2010 年净利润分布情况

成长性百强 2010 年净利润排名前 10 的企业如表 3-27 所示。2010 年这 10 家企业净利润之和为 37.93 亿元，占成长性百强净利润总和的 44.79％。其中，净利润排名第一的是天保建设集团有限公司，其净利润为 8.73 亿元，占成长性百强净利润总和的 10.31％。

成长性百强 2010 年净利润前 10 强　　　　表 3-27

序号	百强排名	企业名称	净利润(万元)
1	55	天保建设集团有限公司	87300
2	47	南京宏亚建设集团有限公司	77207
3	58	重庆中科建设(集团)有限公司	44244
4	11	江苏邗建集团有限公司	31629
5	76	重庆建安建设(集团)有限公司	27268

续表

序号	百强排名	企业名称	净利润(万元)
6	4	中建工业设备安装有限公司	25349
7	13	江苏省建筑工程集团有限公司	23367
8	26	凯翔集团有限公司	22676
9	17	山东德建集团有限公司	22347
10	21	河南省大成建设工程有限公司	17889

3.3.2.2 成长性百强净利润增长情况分析

1. 成长性百强2009年净利润增长情况

对比成长性百强2008年和2009年的净利润，可以得出成长性百强2009年净利润增长率的分布情况，见图3-37。从图中可以看出，有84家企业净利润较2008年有所增长，其中21家企业净利润增长率大于100%，有11家企业净利润增长率在50%～100%之间，有15家企业净利润增长率在30%～50%之间，有37家企业净利润增长率在0～30%之间，另外还有16家企业净利润增长率为负。成长性百强2009年净利润平均较2008年增长47.28%。

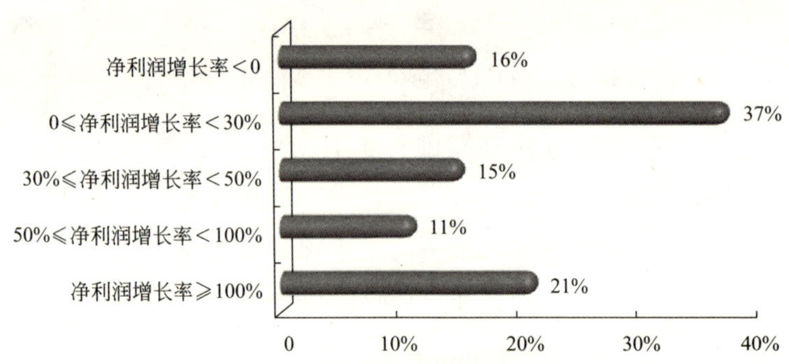

图3-37 成长性百强2009年净利润增长率分布情况

2. 成长性百强2010年净利润增长率

对比成长性百强2009年和2010年的净利润，可以得出成长性百强2010年净利润增长率的分布情况，见图3-38。从图中可以看出，有90家企业净利润较2009年有所增长，其中25家企业净利润增长率大于100%，有13家企业净利润增长率在50%～100%之间，有15家企业净利润增长率在30%～50%之间，有37家企业净利润增长率在0～30%之间，另外还有10家企业净利润增长率为负。成长性百强2010年净利润平均较2009年增长46.71%。

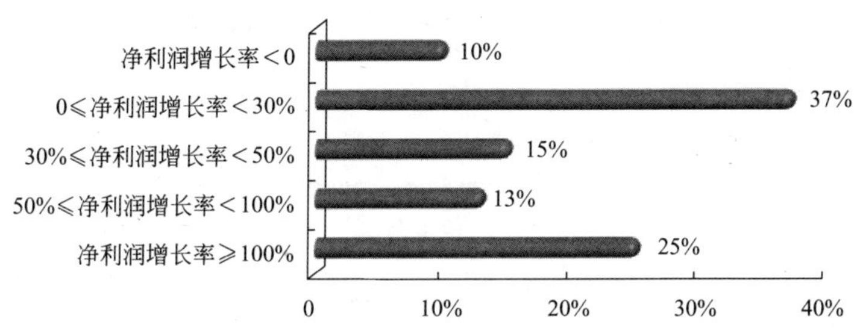

图3-38 成长性百强2010年净利润增长率分布情况

3.3.3 上缴营业税指标分析

3.3.3.1 成长性百强上缴营业税总体情况

1. 成长性百强2008年上缴营业税分布情况

成长性百强2008年上缴营业税53.86亿元。其中，上缴营业税大于1亿元的有9家，上缴营业税大于或等于0.5亿元、小于1亿元的有41家，上缴营业税大于或等于0.3亿元、小于0.5亿元的有27家，上缴营业税大于或等于0.2亿元、小于0.3亿元的有12家，上缴营业税小于0.2亿元的有11家。图3-39给出了成长性百强2008年上缴营业税的分布情况。

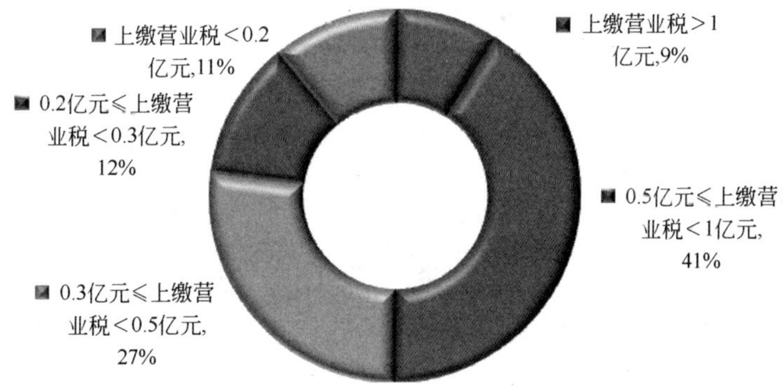

图3-39 成长性百强2008年上缴营业税分布情况

成长性百强 2008 年上缴营业税排名前 10 的企业如表 3-28 所示。2008 年这 10 家企业共上缴营业税 12.60 亿元，占成长性百强 2008 年上缴营业税总额的 23.39%。其中，上缴营业税排名第一的是东方建设集团有限公司，其上缴营业税额为 1.73 亿元，占成长性百强 2008 年上缴营业税总额的 3.21%。

成长性百强 2008 年上缴营业税前 10 强 **表 3-28**

序号	百强排名	企业名称	上缴营业税（万元）
1	8	东方建设集团有限公司	17349
2	1	中建三局第三建筑工程有限责任公司	14548
3	6	浙江省长城建设集团股份有限公司	13630
4	46	恒元建设控股集团有限公司	13600
5	20	江苏金土木建设集团有限公司	12618
6	13	江苏省建筑工程集团有限公司	12594
7	37	南京大地建设集团有限责任公司	11343
8	16	华太建设集团有限公司	10806
9	65	浙江天工建设集团有限公司	10070
10	47	南京宏亚建设集团有限公司	9425

2. 成长性百强 2009 年上缴营业税分布情况

成长性百强 2009 年共上缴营业税 68.16 亿元。其中，上缴营业税大于 1 亿元的有 16 家，上缴营业税大于或等于 0.6 亿元、小于 1 亿元的有 34 家，上缴营业税大于或等于 0.4 亿元、小于 0.6 亿元的有 28 家，上缴营业税大于或等于 0.2 亿元、小于 0.4 亿元的有 17 家，上缴营业税小于 0.2 亿元的有 5 家。图 3-40 给出了成长性百强 2009 年上缴营业税的分布情况。

成长性百强 2009 年上缴营业税排名前 10 的企业如表 3-29 所示。2009 年这 10 家企业共上缴营业税 15.78 亿元，占成长性百强 2009 年上缴营业税总额的 23.16%。其中，上缴营业税额排名第一的是中建三局第三建筑工程有限责任公司，其上缴营业税额为 1.91 亿元，占成长性百强 2009 年上缴营业税总额的 2.80%。

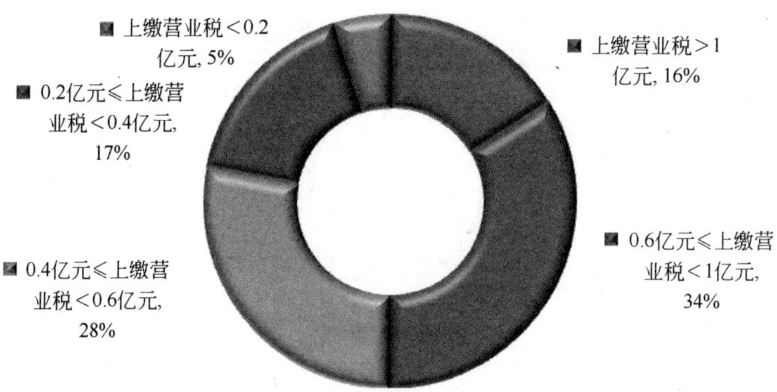

图 3-40　成长性百强 2009 年上缴营业税分布情况

成长性百强 2009 年上缴营业税前 10 强　　**表 3-29**

序号	百强排名	企业名称	上缴营业税（万元）
1	1	中建三局第三建筑工程有限责任公司	19082
2	8	东方建设集团有限公司	18354
3	13	江苏省建筑工程集团有限公司	17099
4	47	南京宏亚建设集团有限公司	16330
5	37	南京大地建设集团有限责任公司	15487
6	46	恒元建设控股集团有限公司	15286
7	6	浙江省长城建设集团股份有限公司	15040
8	33	浙江宝盛建设集团有限公司	14821
9	20	江苏金土木建设集团有限公司	14129
10	16	华太建设集团有限公司	12201

3. 成长性百强 2010 年上缴营业税分布情况

成长性百强 2010 年共上缴营业税 84.08 亿元。其中，上缴营业税大于 2 亿元的有 4 家，上缴营业税大于或等于 1 亿元、小于 2 亿元的有 24 家，上缴营业税大于或等于 0.8 亿元、小于 1 亿元的有 14 家，上缴营业税大于或等于 0.6 亿元、小于 0.8 亿元的有 28 家，上缴营业税大于或等于 0.3 亿元、小于 0.6 亿元的有 23 家，上缴营业税小于 0.3 亿元的有 7 家。图 3-41 给出了成长性百强 2010 年上缴营业税的分布情况。

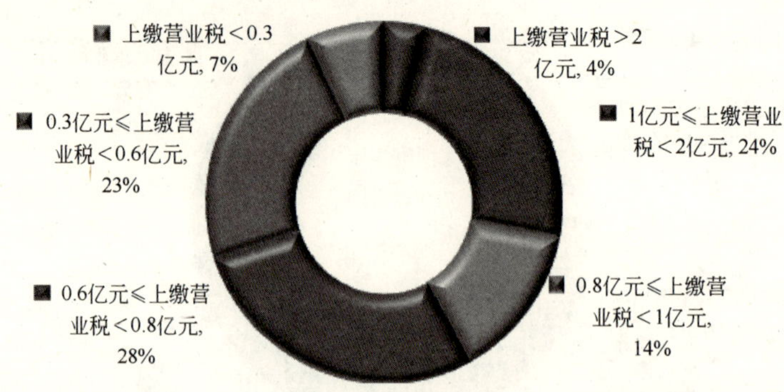

图 3-41　成长性百强 2010 年上缴营业税分布情况

成长性百强 2010 年上缴营业税排名前 10 的企业如表 3-30 所示。2010 年这 10 家企业共上缴营业税 18.93 亿元，占成长性百强 2010 年上缴营业税总额的 22.51％。上缴营业税额排名第一的是南京宏亚建设集团有限公司，其上缴营业税额为 2.74 亿元，占成长性百强 2010 年上缴营业税总额的 3.26％。

成长性百强 2010 年上缴营业税前 10 强　　表 3-30

序号	百强排名	企业名称	上缴营业税（万元）
1	47	南京宏亚建设集团有限公司	27428
2	1	中建三局第三建筑工程有限责任公司	24408
3	8	东方建设集团有限公司	21658
4	13	江苏省建筑工程集团有限公司	20812
5	37	南京大地建设集团有限责任公司	19789
6	11	江苏邗建集团有限公司	15523
7	46	恒元建设控股集团有限公司	15206
8	20	江苏金土木建设集团有限公司	15042
9	31	中交一航局第五工程有限公司	14826
10	33	浙江宝盛建设集团有限公司	14559

3.3.3.2　成长性百强上缴营业税增长情况

成长性百强 2008～2010 年上缴营业税平均增长率为 24.96％，呈现出良好的增长势头。成长性百强企业中，有90家企业所纳营业税有所增加。其中有7家企业上缴营业税增长率大于100％，有11家企业缴纳营业税增长率在50％～100％之间，有28家企业缴纳营业税增长率在30％～50％之间，有44家企业缴纳营业税增长率在0～30％之间，另外有10家企业缴纳营业税的增长率小于0。2010年度成长性百强缴纳营业税增长率分布情况如图3-42所示。

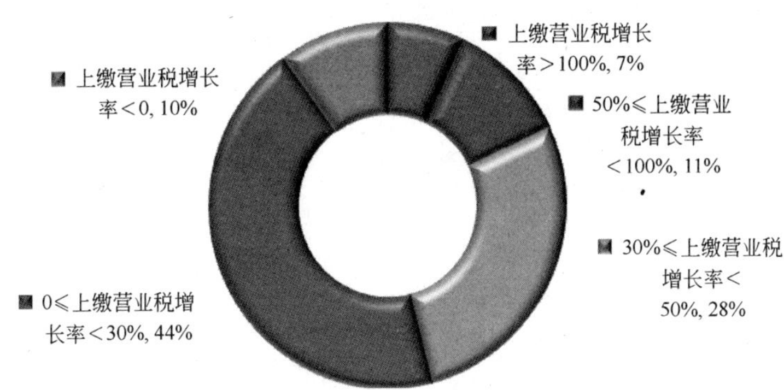

图3-42　成长性百强2010年缴纳营业税增长率分布情况

成长性百强2010年缴纳营业税增长率前10强企业见表3-31。

成长性百强2010年缴纳营业税增长率前10强　　**表3-31**

序号	百强排名	企业名称	上缴营业税增长率(％)
1	26	凯翔集团有限公司	124.7538
2	10	陕西建工集团第五建筑工程有限公司	123.6068
3	60	深圳市建工集团股份有限公司	110.4288
4	29	威海建设集团股份有限公司	107.3600
5	27	中城建第六工程局集团有限公司	105.6883
6	76	重庆建安建设(集团)有限公司	102.9966
7	89	武汉市汉阳市政建设集团公司	100.5868
8	73	中标建设集团有限公司	87.8363
9	28	陕西化建工程有限责任公司	83.0918
10	93	湖南省衡洲建设有限公司	75.0306

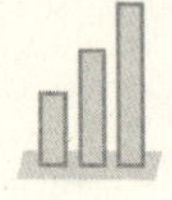

3.3.4 上缴所得税指标分析

3.3.4.1 成长性百强上缴所得税额总体情况

1. 成长性百强 2008 年上缴所得税情况分析

成长性百强 2008 年共上缴所得税 11.29 亿元。其中，上缴所得税大于 0.5 亿元的有 1 家，上缴所得税大于或等于 0.3 亿元、小于 0.5 亿元的有 4 家，上缴所得税大于或等于 0.2 亿元、小于 0.3 亿元的有 12 家，上缴所得税大于或等于 0.1 亿元、小于 0.2 亿元的有 26 家，上缴所得税小于 0.1 亿元的有 57 家。图 3-43 给出了 2008 年成长性百强上缴所得税的分布情况。

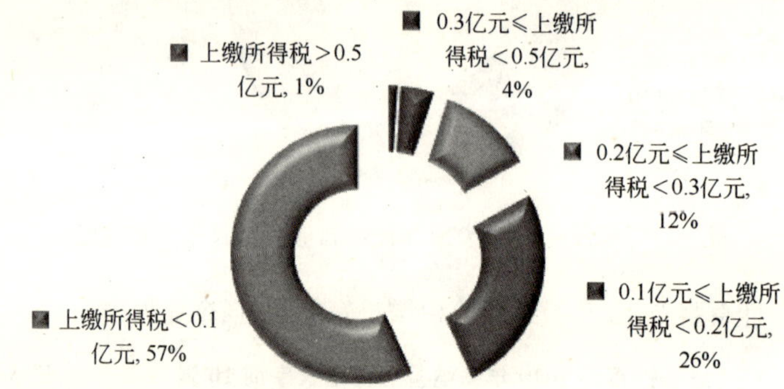

图 3-43 成长性百强 2008 年上缴所得税的分布情况

成长性百强 2008 年上缴所得税排名前 10 的企业如表 3-32 所示。2008 年这 10 家企业共上缴所得税 3.67 亿元，占成长性百强 2008 年缴纳所得税总额的 32.49%。其中，上缴所得税排名第一的是南京宏亚建设集团有限公司，其上缴所得税额为 8486.5 万元，也是唯一一家上缴所得税额超过 5 千万的企业。

成长性百强 2008 年上缴所得税前 10 强 **表 3-32**

序号	百强排名	企业名称	上缴所得税（万元）
1	47	南京宏亚建设集团有限公司	8487
2	81	东海建设集团有限公司	4024
3	11	江苏邗建集团有限公司	3842

续表

序号	百强排名	企业名称	上缴所得税（万元）
4	13	江苏省建筑工程集团有限公司	3174
5	17	山东德建集团有限公司	3112
6	20	江苏金土木建设集团有限公司	2912
7	58	重庆中科建设(集团)有限公司	2907
8	95	长春新星宇建筑安装有限责任公司	2846
9	16	华太建设集团有限公司	2732
10	4	中建工业设备安装有限公司	2642

2. 成长性百强2009年上缴所得税情况分析

成长性百强2009年共上缴所得税16.53亿元。其中，上缴所得税大于1亿元的有1家，上缴所得税大于或等于0.5亿元、小于1亿元的有1家，上缴所得税大于或等于0.3亿元、小于0.5亿元的有13家，上缴所得税大于或等于0.2亿元、小于0.3亿元的有13家，上缴所得税大于或等于0.1亿元、小于0.2亿元的有24家，上缴所得税小于0.1亿元的有48家。图3-44给出了2009年成长性百强上缴所得税的分布情况。

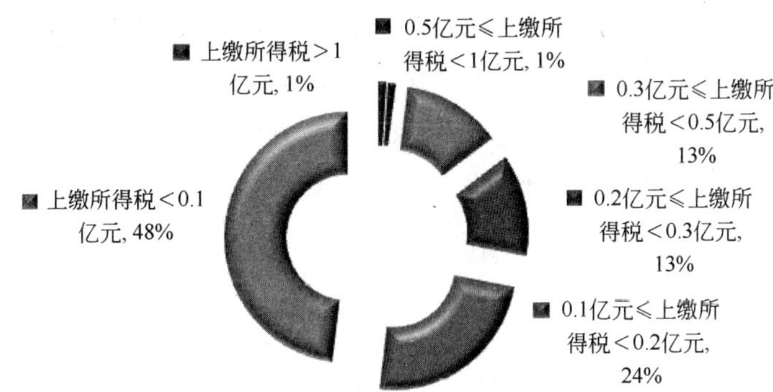

图3-44 成长性百强2009年上缴所得税的分布情况

成长性百强2009年上缴所得税排名前10的企业如表3-33所示。2009年这10家企业共上缴所得税5.79亿元，占成长性百强2009年上缴所得税总额的35.01%。其中，上缴所得税排名第一的仍然是南京宏亚建设集团有限公司，其上缴所得税额为1.64亿元，也是唯一一家上缴所得税额超过1亿元的企业。

成长性百强2009年上缴所得税前10强　　表3-33

序号	百强排名	企业名称	上缴所得税（万元）
1	47	南京宏亚建设集团有限公司	16350
2	13	江苏省建筑工程集团有限公司	6426
3	58	重庆中科建设(集团)有限公司	4956
4	11	江苏邗建集团有限公司	4704
5	2	中国华冶科工集团有限公司	4651
6	17	山东德建集团有限公司	4490
7	81	东海建设集团有限公司	4318
8	76	重庆建安建设(集团)有限公司	4068
9	31	中交一航局第五工程有限公司	3982
10	4	中建工业设备安装有限公司	3933

3. 成长性百强2010年上缴所得税情况分析

成长性百强2010年共上缴所得税22.77亿元。其中，上缴所得税大于1亿元的有1家，上缴所得税大于或等于0.5亿元、小于1亿元的有11家，上缴所得税大于或等于0.3亿元、小于0.5亿元的有7家，上缴所得税大于或等于0.2亿元、小于0.3亿元的有21家，上缴所得税大于或等于0.1亿元、小于0.2亿元的有22家，上缴所得税小于0.1亿元的有38家。图3-45给出了2010年成长性百强上缴所得税的分布情况。

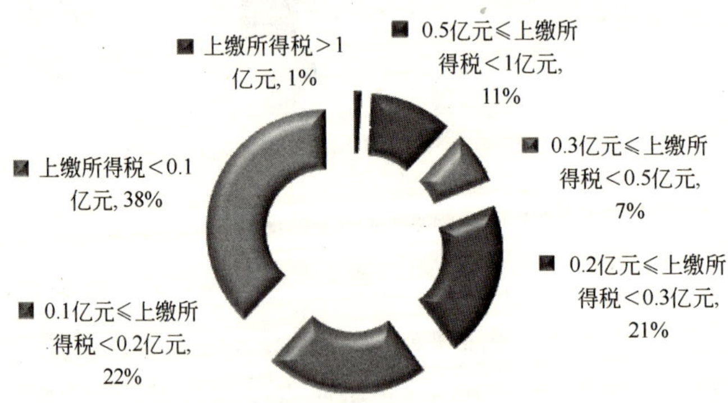

图3-45　成长性百强2010年上缴所得税的分布情况

成长性百强 2010 年上缴所得税排名前 10 的企业如表 3-34 所示。2010 年这 10 家企业共上缴所得税 8.98 亿元，占成长性百强 2010 年上缴所得税总额的 39.42%。其中，上缴所得税排名第一的仍然是南京宏亚建设集团有限公司，其上缴所得税额为 2.57 亿元，也是唯一一家缴税额超过 1 亿元的企业。

成长性百强 2010 年上缴所得税前 10 强　　　　**表 3-34**

序号	百强排名	企业名称	上缴所得税（万元）
1	47	南京宏亚建设集团有限公司	25735
2	4	中建工业设备安装有限公司	8627
3	76	重庆建安建设(集团)有限公司	8252
4	11	江苏邗建集团有限公司	7876
5	58	重庆中科建设(集团)有限公司	7808
6	13	江苏省建筑工程集团有限公司	6998
7	55	天保建设集团有限公司	6790
8	95	长春新星宇建筑安装有限责任公司	6273
9	81	东海建设集团有限公司	5817
10	17	山东德建集团有限公司	5586

3.3.4.2　成长性百强上缴所得税增长情况

成长性百强 2008～2010 年上缴所得税平均增长率为 42.03%，呈现出良好的增长势头。成长性百强企业中有 94 家企业所纳所得税有所增加，其中有 19 家企业上缴所得税增长率大于 100%，有 20 家企业缴纳所得税增长率在 50%～100%之间，有 19 家企业缴纳所得税增长率在 30%～50%之间，有 36 家企业缴纳所得税增长率在 0～30%之间，另外有 6 家企业缴纳所得税的增长率小于 0。2010 年度成长性百强缴纳所得税增长率分布情况如图 3-46 所示。

2010 年度成长性百强企业缴纳所得税增长率前 10 强企业见表 3-35。

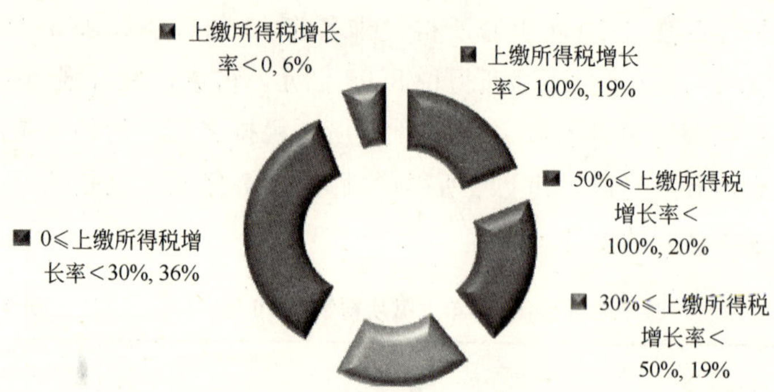

图 3-46　成长性百强 2010 年度缴纳所得税增长率分布情况

成长性百强 2010 年上缴所得税增长率前 10 强　　表 3-35

序号	百强排名	企业名称	上缴所得税增长率(%)
1	14	重庆恒滨建设(集团)有限公司	1409.9670
2	24	四川省建筑机械化工程公司	1352.5840
3	15	陕西路桥集团有限公司	547.8710
4	78	海南省第二建筑工程公司	275.1807
5	86	陕西建工集团第七建筑工程有限公司	271.9968
6	27	中城建第六工程局集团有限公司	232.1056
7	9	中国石化集团南京工程有限公司	194.7867
8	34	四川省第三建筑工程公司	193.7887
9	93	湖南省衡洲建设有限公司	183.8453
10	35	上海市机械施工有限工公司	178.4229

3.4　成长性百强科技与管理成长性分析

3.4.1　人才数量指标分析

3.4.1.1　高级人才数量分布状况

建筑业企业高级人才包括具有一级建造师资质人员、高级职业经理和具有高级职称人员。此处选取 2010 年成长性百强企业高级人才数量进行分析。

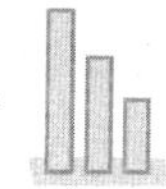

1. 一级建造师数量分布状况

成长性百强企业共有一级建造师6170人，其中拥有一级建造师最多的企业是胜利油田胜利工程建设(集团)有限责任公司，该公司共有一级建造师192人。成长性百强企业中，有4家企业一级建造师人数超过150人，有9家企业一级建造师人数在100～150人之间，有41家企业一级建造师人数在50～100人之间，有28家企业一级建造师人数在30～50人之间，还有18家企业一级建造师人数少于30人。成长性百强一级建造师人数分布情况见图3-47。

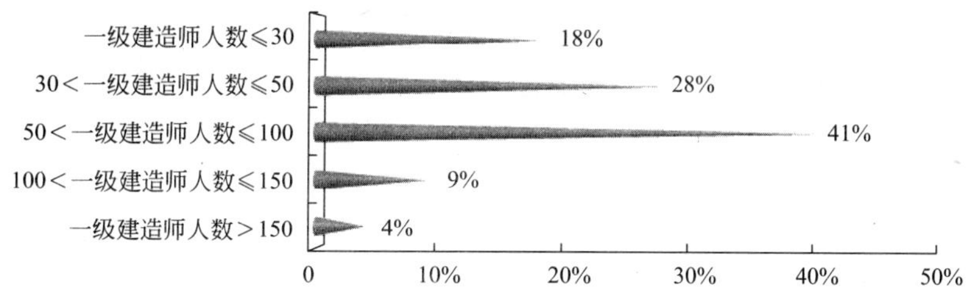

图3-47 成长性百强一级建造师人数分布情况

2. 高级职业经理数量分布状况

成长性百强企业共有高级职业经理826人，其中拥有高级职业经理最多的企业是山东宁建建设集团有限公司，该公司共有高级职业经理42人。成长性百强企业中，有9家企业高级职业经理人数超过20人，有23家企业高级职业经理人数在11～20人之间，有21家企业高级职业经理人数在6～10人之间，有34家企业高级职业经理人数在1～5人之间，还有13家企业高级职业经理人数为0。成长性百强高级职业经理人数分布情况见图3-48。

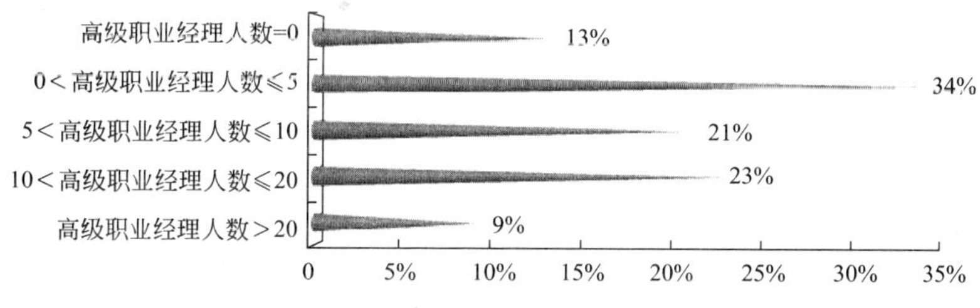

图3-48 成长性百强高级职业经理人数分布情况

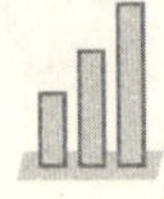

3. 高级职称人员数量分布状况

成长性百强企业共有高级职称人员7198人，其中拥有高级职称人员最多的企业是河南省大成建设工程有限公司，该公司共有高级职称人员386人。成长性百强企业中，共有7家企业高级职称人员数量超过200人，有10家高级职称人员数量在101～200人之间，有33家企业高级职称人员数在51～100人之间，有26家企业高级职称人员数量在31～50人之间，还有24家企业高级职称人员数量少于等于30人。成长性百强高级职称人员数量分布情况见图3-49。

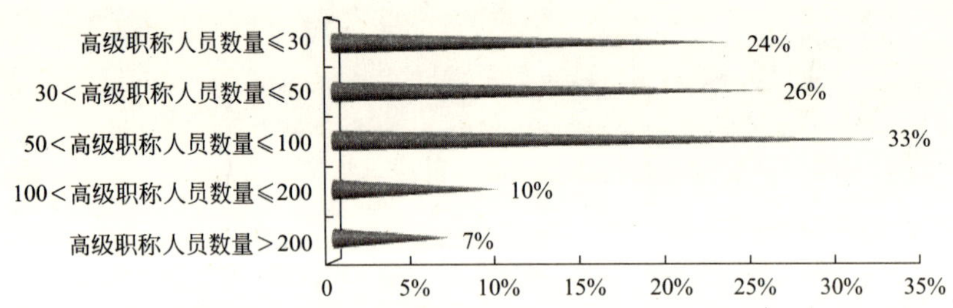

图3-49　成长性百强高级职称人员数量分布情况

3.4.1.2　中级人才数量分布状况

建筑业企业中级人才包括具有二级建造师资质人员、优秀项目经理和具有中级职称人员。此处选取2010年成长性百强企业中级人才数量进行分析。

1. 二级建造师数量分布状况

成长性百强企业共有二级建造师8808人，其中拥有二级建造师人数最多的企业是山东淄建集团有限公司，该公司共有二级建造师481人。成长性百强企业中，共有8家企业二级建造师人数超过200人，有20家企业二级建造师人数在101～200人之间，有39家企业二级建造师人数在51～100人之间，有16家企业二级建造师人数在31～50人之间，还有17家企业二级建造师人数少于等于30人。成长性百强二级建造师人数分布情况见图3-50。

2. 优秀项目经理数量分布状况

成长性百强企业共有优秀项目经理1724人，其中拥有优秀项目经理人数最多的企业是山东淄建集团有限公司，该公司共有优秀项目经

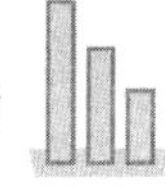

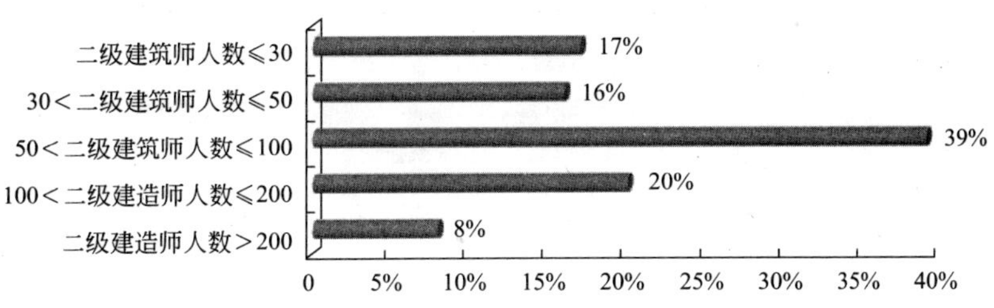

图 3-50 成长性百强二级建造师人数分布情况

理 131 人。成长性百强企业中，共有 3 家企业优秀项目经理人数超过 100 人，有 6 家企业优秀项目经理人数在 51～100 人之间，有 9 家企业优秀项目经理人数在 31～50 人之间，有 27 家企业优秀项目经理人数在 11～30 人之间，还有 55 家企业优秀项目经理人数少于等于 10 人，其中有 13 家企业没有优秀项目经理。成长性百强优秀项目经理人数分布情况见图 3-51。

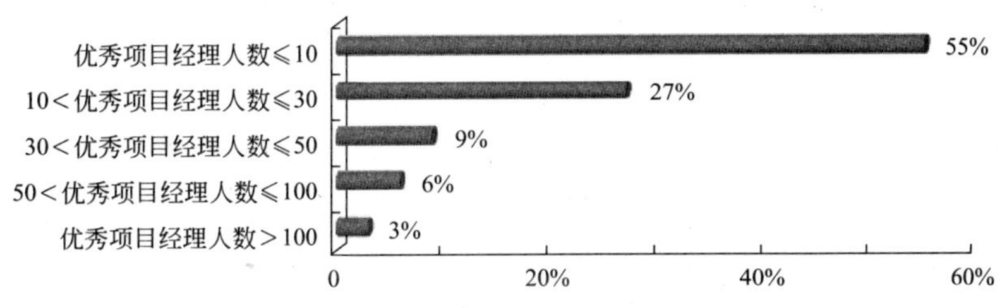

图 3-51 成长性百强优秀项目经理人数分布情况

3. 中级职称人员数量分布状况

成长性百强企业共有中级职称人员 28934 人，其中拥有中级职称人员最多的企业是东方建设集团有限公司，该公司共有中级职称人员 1236 人。成长性百强企业中，共有 2 家企业中级职称人员数量超过 1000 人，有 15 家中级职称人员数量在 501～1000 人之间，有 15 家企业中级职称人员数在 301～500 人之间，有 29 家企业中级职称人员数量在 201～300 人之间，有 24 家企业中级职称人员数量在 101～200 人之间，还有 15 家企业中级职称人员数量少于等于 100 人。成长性百强中级职称人员数量分布情况见图 3-52。

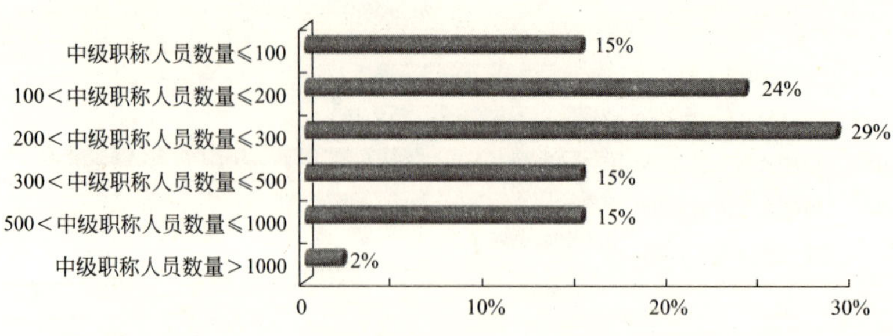

图 3-52　成长性百强中级职称人员数量分布情况

3.4.2　科技进步类奖项指标分析

科技进步类奖项包括：科技进步类国家级奖项、科技进步类省部级奖项和科技进步类其他奖项。本节分析成长性百强企业 2008～2010 年所获得的科技进步类奖项之和。

3.4.2.1　科技进步类国家级奖项数量分布状况

成长性百强企业在 2008～2010 年共获得各级科技进步类国家级奖项 243 项，其中获奖数排名第一的是中建商品混凝土有限公司，该公司共获得科技进步类国家级奖项 16 项。成长性百强企业中有 3 家企业科技进步类国家级奖项数大于或等于 10 项，有 13 家企业科技进步类国家级奖项数在 6～9 项之间，有 14 家企业科技进步类国家级奖项数在 4～5 项之间，有 30 家企业科技进步类国家级奖项数在 1～3 项之间，还有 40 家企业没有获得科技进步类国家级奖项。成长性百强科技进步类国家级奖项的分布情况如图 3-53 所示。

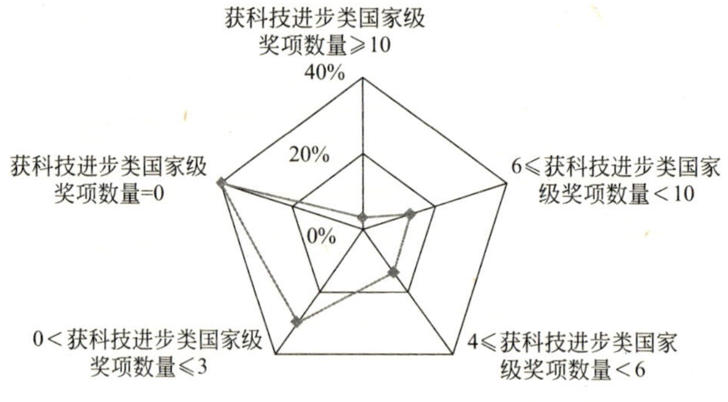

图 3-53　成长性百强科技进步类国家级奖项分布情况

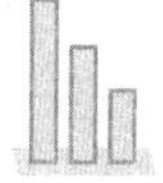

成长性百强科技进步类国家级奖项数量前10名(含并列)见表3-36。

成长性百强科技进步类国家级奖项数量前10名(含并列)　　**表3-36**

序号	百强排名	企业名称	国家级奖项数
1	68	中建商品混凝土有限公司	16
2	10	陕西建工集团第五建筑工程有限公司	10
	28	陕西化建工程有限责任公司	10
4	6	浙江省长城建设集团股份有限公司	9
	42	陕西省第三建筑工程公司	9
6	38	浙江精工钢结构有限公司	8
7	16	华太建设集团有限公司	7
	23	中国水电建设集团十五工程局有限公司	7
	32	攀钢集团冶金工程技术有限公司	7
	53	常州第一建筑集团有限公司	7
	92	沈阳市政集团有限公司	7

3.4.2.2 科技进步类省部级奖项数量分布状况

成长性百强企业在2008～2010年间共获得科技进步类省部级奖项总数为538项，其中获奖数排名第一的是威海建设集团股份有限公司，该公司共获得科技进步类省部级奖项31项。成长性百强企业中有7家企业科技进步类省部级奖项数大于20项，有13家企业科技进步类省部级奖项数在11--20项之间，有12家企业科技进步类省部级奖项数在6～10项之间，有27家企业科技进步类省部级奖项数在1～5项之间，还有41家企业没有获得科技进步类省部级奖项。成长性百强科技进步类省部级奖项的分布情况如图3-54所示。

成长性百强科技进步类省部级奖项数量前10名(含并列)见表3-37。

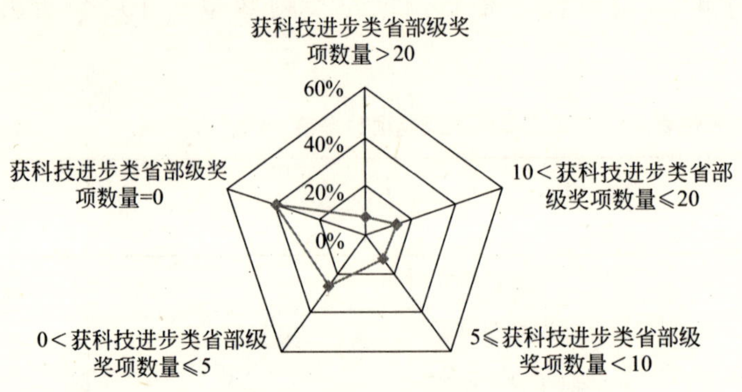

图 3-54 成长性百强科技进步类省部级奖项分布情况

成长性百强科技进步类省部级奖项数量前10名(含并列) **表3-37**

序号	百强排名	企业名称	省部级奖项数
1	29	威海建设集团股份有限公司	31
2	12	山东淄建集团有限公司	28
3	16	华太建设集团有限公司	27
4	53	常州第一建筑集团有限公司	25
5	43	济南四建(集团)有限责任公司	23
	75	青岛海川建设集团有限公司	23
7	74	山东三箭建设工程股份有限公司	21
8	10	陕西建工集团第五建筑工程有限公司	19
	40	陕西建工集团第一建筑工程有限公司	19
	71	山东潍坊建设集团股份公司	19

3.4.2.3 科技进步类其他奖项数量分布状况

成长性百强企业在2008～2010年共有13家企业获得科技进步类其他奖项34项，其中有3家企业获得5项，有1家企业获得4项，有1家企业获得3项，有4家企业获得2项，有4家企业获得1项，具体获奖情况见表3-38。

成长性百强科技进步类其他奖项数量 表3-38

序号	百强排名	企业名称	其他奖项数
1	7	广东省基础工程公司	5
2	9	中国石化集团南京工程有限公司	5
3	17	山东德建集团有限公司	5
4	10	陕西建工集团第五建筑工程有限公司	4
5	84	北京建工四建工程建设有限公司	3
6	1	中建三局第三建筑工程有限责任公司	2
7	22	中国石化集团第十建设公司	2
8	24	四川省建筑机械化工程公司	2
9	34	四川省第三建筑工程公司	2
10	27	中城建第六工程局集团有限公司	1
11	67	中国核工业第二四建设有限公司	1
12	73	中标建设集团有限公司	1
13	88	江苏武进建筑安装工程有限公司	1

3.4.3 管理水平类奖项指标分析

管理水平类奖项包括：管理水平类国家级奖项、管理水平类省部级奖项和管理水平其他奖项。本节分析成长性百强企业2008～2010年所获得的各级管理水平类奖项之和。

3.4.3.1 管理水平类国家级奖项数量分布状况

成长性百强企业在2008～2010年共获得管理水平国家级奖项总数为381项，其中获奖数最多的企业为浙江精工钢结构有限公司，该公司共获得管理水平类国家级奖项31项。成长性百强中有4家企业管理水平类国家级奖项数大于20项，有6家企业管理水平类国家级奖项数在11～20项之间，有8家企业管理水平类国家级奖项数在6～10项之间，有47家企业管理水平类国家级奖项数在1～5项之间，还有35家企业没有获得管理水平类国家级奖项。成长性百强管理水平类国家级奖项的分布情况如图3-55所示。

成长性百强管理水平类国家级奖项数量前10名(含并列)见表3-39。

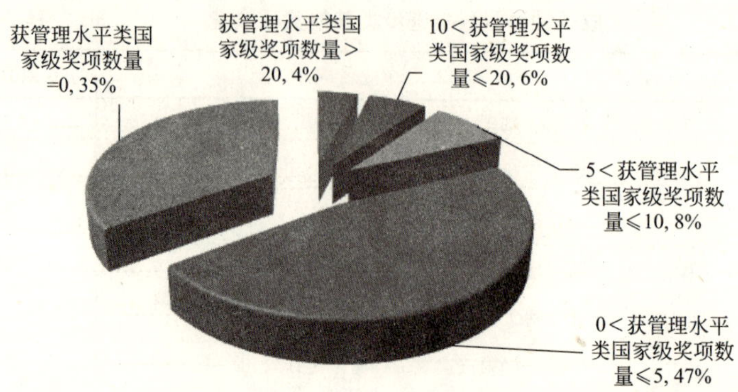

图 3-55　成长性百强管理水平类国家级奖项数量分布情况

成长性百强管理水平类国家级奖项数量前 10 名（含并列）　　**表 3-39**

序号	百强排名	企业名称	国家级奖项数
1	38	浙江精工钢结构有限公司	31
2	3	中化二建集团有限公司	29
3	10	陕西建工集团第五建筑工程有限公司	26
4	7	广东省基础工程公司	25
5	35	上海市机械施工有限工公司	17
6	2	中国华冶科工集团有限公司	16
7	42	陕西省第三建筑工程公司	13
	40	陕西建工集团第一建筑工程有限公司	13
9	41	中国石化集团第四建设公司	12
	23	中国水电建设集团十五工程局有限公司	12

3.4.3.2　管理水平类省部级奖项数量分布状况

成长性百强企业在 2008～2010 年共获得管理水平类省部级奖项总数为 1886 项，其中获奖数最多的企业为天津三建建筑工程有限公司，该公司共获得管理水平类省部级奖项 184 项。另有 4 家企业管理水平类省部级奖项数大于 50 项，有 24 家企业管理水平类省部级奖项数在 21～50 项之间，有 28 家企业管理水平类省部级奖项数在 11～20 项之间，有 37 家企业管理水平类省部级奖项数在 1～10 项之间，还有 6 家企业没有获得管理水平类省部级奖项。成长性百强管理水平类省部级奖项的分布情况如图 3-56 所示。

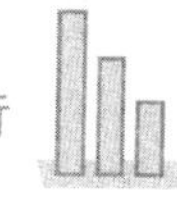

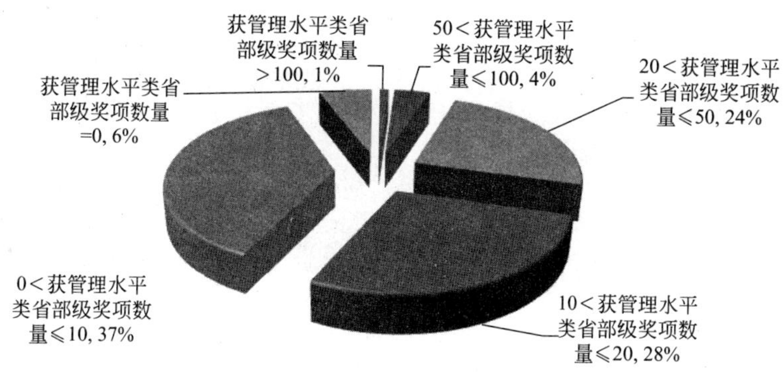

图 3-56 成长性百强管理水平类省部级奖项数量分布情况

成长性百强管理水平类省部级奖项数量前 10 名见表 3-40。

成长性百强管理水平类省部级奖项数量前 10 名 **表 3-40**

序号	百强排名	企业名称	省部级奖项数
1	30	天津三建建筑工程有限公司	184
2	29	威海建设集团股份有限公司	92
3	10	陕西建工集团第五建筑工程有限公司	62
4	52	山东聊建集团有限公司	61
5	36	广西建工集团第一建筑工程有限责任公司	56
6	40	陕西建工集团第一建筑工程有限公司	48
7	17	山东德建集团有限公司	45
8	93	湖南省衡洲建设有限公司	44
9	26	凯翔集团有限公司	42
10	39	安徽三建工程有限公司	40

3.4.3.3 管理水平类其他奖项数量分布状况

成长性百强企业在 2008～2010 年共获得管理水平类其他奖项 288 项，其中有 4 家企业管理水平类其他奖项数大于 20 项，有 6 家企业管理水平类其他奖项数在 11～20 项之间，有 5 家企业管理水平类其他奖项数在 6～10 项之间，有 15 家企业管理水平类其他奖项数量在 1～5 项之间，还有 70 家企业没有获得管理水平类其他奖项。成长性百强管理水平类其他奖项数量分布情况如图 3-57 所示。

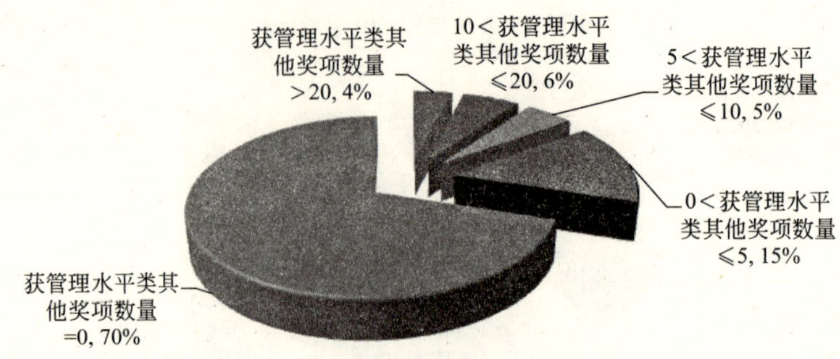

图 3-57　成长性百强管理水平类其他奖项数量分布情况

成长性百强管理水平类其他奖项数量前10名(含并列)见表3-41。

成长性百强管理水平类其他奖项前10名(含并列)　　**表3-41**

序号	百强排名	企业名称	其他奖项数
1	7	广东省基础工程公司	35
2	49	中铁八局集团昆明铁路建设有限公司	31
3	3	中化二建集团有限公司	28
	66	陕西建工集团第六建筑工程有限公司	28
5	22	中国石化集团第十建设公司	18
	67	中国核工业第二四建设有限公司	18
7	9	中国石化集团南京工程有限公司	17
8	28	陕西化建工程有限责任公司	14
	96	山东宁建建设集团有限公司	14
10	80	宁夏电力建设工程公司	13

3.5　成长性百强精神文明成长性分析

成长性百强精神文明成长性分析主要考察企业获精神文明类奖项数和履行社会责任数。本节内容选取成长性百强2008～2010年所获精神文明奖项数之和及履行社会责任数之和进行分析。

3.5.1　精神文明类奖项指标分析

3.5.1.1　精神文明国家级奖项数量分布状况

成长性百强企业在2008～2010年共获得精神文明国家级奖项203

项，其中有 1 家企业精神文明国家级奖项数量大于 10 项，有 11 家企业精神文明国家级奖项数在 6～10 之间，有 6 家企业精神文明国家级奖项数量在 4～5 项之间，有 43 家企业精神文明奖项数量在 1～3 项之间，还有 39 家企业精神文明国家级奖项数为 0。成长性百强精神文明国家级奖项情况见图 3-58。

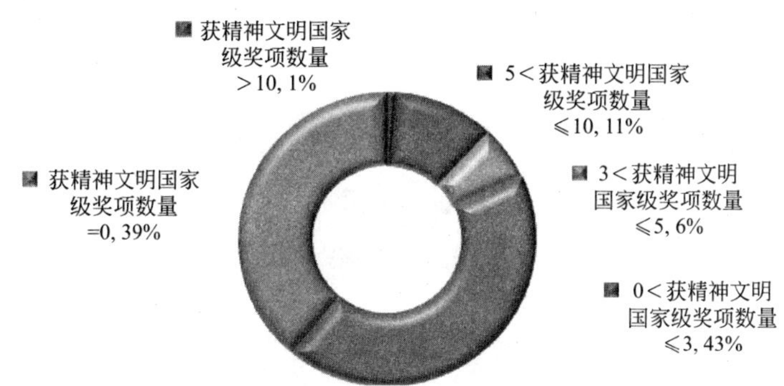

图 3-58　成长性百强精神文明国家级奖项数量分布情况

成长性百强精神文明国家级奖项数量前 10 名(含并列)见表 3-42。

成长性百强精神文明国家级奖项数量前 10 名(含并列)　　**表 3-42**

序号	百强排名	企业名称	国家级奖项数
1	70	安徽华力建设集团有限公司	14
2	45	江西建工第一建筑有限责任公司	10
3	84	北京建工四建工程建设有限公司	9
	99	保定建业集团有限公司	9
5	90	深圳市宝鹰建设集团股份有限公司	8
	77	北京天润建设有限公司	8
	62	江西中恒建设集团有限公司	8
8	55	天保建设集团有限公司	7
9	61	中国新兴建设保信总公司	6
	25	甘肃路桥建设集团有限公司	6
	60	深圳市建工集团股份有限公司	6
	26	凯翔集团有限公司	6

3.5.1.2 精神文明省部级奖项数量分布状况

成长性百强企业在2008～2010年共获得精神文明省部级奖项548项，其中有16家企业精神文明省部级奖项数量大于10项，有15家企业精神文明省部级奖项数在6～10项之间，有11家企业精神文明省部级奖项数量在4～5项之间，有39家企业精神文明奖项数量在1～3项之间，还有19家企业精神文明省部级奖项数为0。成长性百强精神文明省部级奖项情况见图3-59。

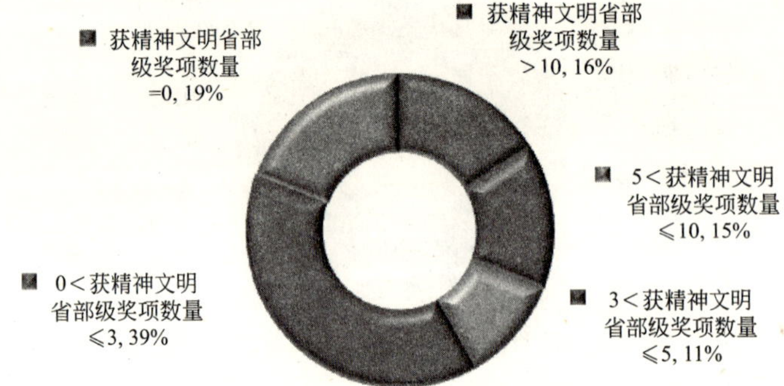

图3-59 成长性百强精神文明省部级奖项数量分布情况

成长性百强精神文明省部级奖项数量前10名(含并列)见表3-43。

成长性百强精神文明省部级奖项数量前10名(含并列) 表3-43

序号	百强排名	企业名称	省部级奖项数
1	20	江苏金土木建设集团有限公司	34
2	18	浙江鸿翔建设集团有限公司	26
3	53	常州第一建筑集团有限公司	20
	54	广西壮族自治区冶金建设公司	20
5	84	北京建工四建工程建设有限公司	19
6	11	江苏邗建集团有限公司	18
7	14	重庆恒滨建设(集团)有限公司	17
	25	甘肃路桥建设集团有限公司	17
9	39	安徽三建工程有限公司	16
	61	中国新兴建设保信总公司	16
	72	浙江大经建设股份集团有限公司	16

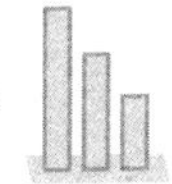

3.5.2　履行社会责任指标分析

成长性百强 2008～2010 年共履行社会责任 199 次，其中有 29 家企业履行社会责任 3 次，有 41 家企业履行社会责任 2 次，有 30 家企业履行社会责任 1 次。成长性百强 2008～2010 年履行社会责任数量分布情况如图 3-60 所示。

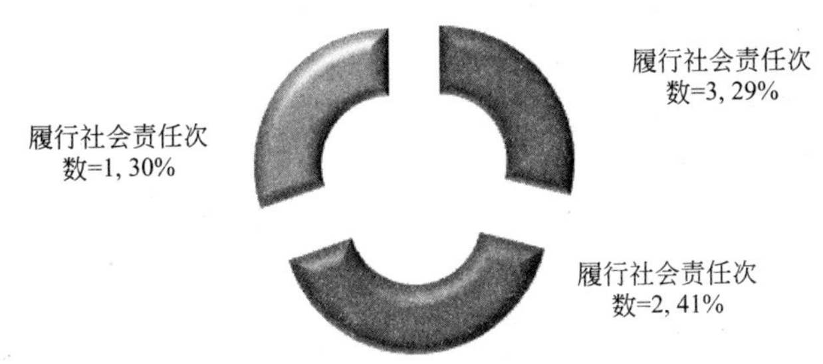

图 3-60　成长性百强 2008～2010 年履行社会责任数量分布情况

第4章　中国建筑业企业双百强比较分析

4.1　竞争力百强与中国企业500强的对比分析

本节主要针对竞争力百强进行分析。对于成长性百强企业，因为其企业总收入均在中国企业500强的入选门槛之外，所以对其不做分析。

4.1.1　竞争力百强在2009中国企业500强中的位置

2009中国企业500强的入选门槛为2008年营业收入总额1053753万元。其中，进入中国企业500强的建筑企业有33家，建筑业企业入选门槛为2008年营业收入总额1089756万元。表4-1给出了进入2009中国企业500强的建筑业企业及其营业收入情况。在33家建筑业企业中，中国中铁股份有限公司、中国铁建股份有限公司、中国建筑工程总公司、中国交通建设集团有限公司、中国冶金科工集团公司、上海建工(集团)总公司、广厦控股创业投资有限公司、北京市政路桥建设控股(集团)有限公司和中天发展控股集团有限公司9家企业均有若干下属企业入选竞争力百强；中国水利水电建设集团公司1家企业的下属企业申报竞争力百强，但未入选；浙江中成控股集团有限公司和天津城建集团有限公司2家企业未申报竞争力百强；其余21家企业直接申报并入选竞争力百强。

中国建筑业企业竞争力百强2008年的总收入与2009中国企业500强营业收入对比情况如表4-2所示。竞争力百强企业中，有20家企业进入了2009中国企业500强；但是，其中有11家在竞争力百强申报的总收入与500强申报的营业收入不一致。另外，根据竞争力百强申报的2008年企业总收入，还有16家高出2009中国企业500强的入选门槛，它们均以母公司的名义进入了500强，其在500强中的大致排名情况(根据总收入在500强中营业收入的位置排名)也在表4-2中给出。

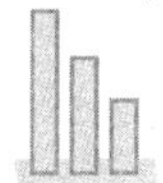

进入2009中国企业500强的建筑业企业 **表4-1**

序号	500强中排名	企业名称	营业收入（万元）
1	13	中国中铁股份有限公司	23461928
2	14	中国铁建股份有限公司	22614071
3	16	中国建筑工程总公司	20715506
4	22	中国交通建设集团有限公司	18057942
5	27	中国冶金科工集团公司	16518137
6	81	上海建工(集团)总公司	6784650
7	89	中国水利水电建设集团公司	6081346
8	134	广厦控股创业投资有限公司	4420488
9	189	北京城建集团有限责任公司	3143004
10	226	北京建工集团有限责任公司	2551500
11	235	上海城建(集团)公司	2429156
12	249	浙江省建设投资集团有限公司	2285235
13	253	湖南省建筑工程集团总公司	2216103
14	279	中国葛洲坝集团公司	1967143
15	281	重庆建工集团有限责任公司	1930764
16	286	北京市政路桥建设控股(集团)有限公司	1905825
17	288	中天发展控股集团有限公司	1890096
18	292	广州市建筑集团有限公司	1875595
19	325	四川华西集团有限公司	1697048
20	352	江苏省苏中建设集团股份有限公司	1538702
21	361	广东省建筑工程集团有限公司	1489050
22	390	广西建工集团有限责任公司	1379985
23	399	青建集团股份公司	1345352
24	407	江苏南通二建集团有限公司	1318438
25	410	成都建筑工程集团总公司	1312788
26	413	陕西建工集团总公司	1303508
27	417	浙江中成控股集团有限公司	1288855
28	426	江苏南通三建集团有限公司	1250578
29	432	云南建工集团总公司	1227877
30	454	浙江宝业建设集团有限公司	1182182
31	455	安徽建工集团有限公司	1172047
32	467	北京住总集团有限责任公司	1150000
33	484	天津城建集团有限公司	1089756

2008年竞争力百强企业总收入与中国企业500强营业收入对比 **表4-2**

序号	百强排名	企业名称［中括号内为在500强中使用的名称］	百强申报的总收入（万元）	500强申报的营业收入（万元）	500强排名	500强中的大致排名	备注
1	3	中建三局建设工程股份有限公司	3251585			187	#
2	2	中国建筑第八工程局有限公司	2761200			214	#
3	12	广厦建设集团有限责任公司	2497157			230	#
4	16	中铁一局集团有限公司	2451860			234	#
5	10	上海城建(集团)公司	2429156	2429156	235		
6	15	中交第一航务工程局有限公司	2362668			242	#
7	17	浙江省建设投资集团有限公司	2304526	2285235	249		* *
8	13	湖南省建筑工程集团总公司	1980953	2216103	253		*
9	19	重庆建工集团股份有限公司［重庆建工集团有限责任公司］	1977496	1930764	281		* *
10	1	中国葛洲坝集团股份有限公司［中国葛洲坝集团公司］	1967143	1967143	279		
11	28	广州建筑股份有限公司［广州市建筑集团有限公司］	1905382	1875595	292		* *
12	4	北京城建集团有限责任公司	1863285	3143004	189		*
13	23	中交第三航务工程局有限公司	1746324			316	#
14	30	中国华西企业股份有限公司［四川华西集团有限公司］	1697048	1697048	325		
15	9	中天建设集团有限公司	1596535			339	#
16	21	中铁电气化局集团有限公司	1595157			339	#
17	11	广东省建筑工程集团有限公司	1498284	1489050	361		* *
18	40	江苏南通三建集团有限公司	1412000	1250578	426		* *
19	14	广西建工集团有限责任公司	1379985	1379985	390		
20	20	中国建筑第四工程局有限公司	1372979			393	#
21	5	北京建工集团有限责任公司	1358382	2551500	226		*
22	8	青建集团股份公司	1345352	1345352	399		
23	18	江苏南通二建集团有限公司	1318438	1318438	407		

续表

序号	百强排名	企业名称［中括号内为在500强中使用的名称］	百强申报的总收入（万元）	500强申报的营业收入（万元）	500强排名	500强中的大致排名	备注
24	45	成都建筑工程集团总公司	1312788	1312788	410		
25	7	中国石油天然气管道局	1308689			411	#
26	39	陕西建工集团总公司	1303508	1303508	413		
27	43	中国二十冶集团有限公司	1255241			423	#
28	25	上海隧道工程股份有限公司	1250150			427	#
29	44	云南建工集团有限公司［云南建工集团总公司］	1227877	1227877	432		
30	37	中国建筑第七工程局有限公司	1217438			434	#
31	27	上海宝冶集团有限公司	1208343			440	#
32	41	中冶天工集团有限公司	1156854			465	#
33	29	中交第四航务工程局有限公司	1114060			478	#
34	55	北京住总集团有限责任公司	971918	1150000	467		*
35	54	浙江宝业建设集团有限公司	837095	1182182	454		*
36	35	江苏省苏中建设集团股份有限公司	753643	1538702	325		*

注：#表示企业以母公司的名义进入500强；

*表示企业在百强中申报的总收入比在500强中申报的营业收入低；

**表示企业在百强中申报的总收入比在500强中申报的营业收入高。

4.1.2　竞争力百强在2010中国企业500强中的位置

2010中国企业500强入选门槛为2009年营业收入总额1108369万元。其中，进入中国企业500强的建筑企业有38家，建筑业企业入选门槛为2009年营业收入总额1120000万元。表4-3给出了进入2010中国企业500强的建筑业企业及其营业收入情况。在38家建筑业企业中，中国铁建股份有限公司、中国中铁股份有限公司、中国建筑股份有限公司、中国交通建设集团有限公司、中国冶金科工集团有限公司、上海建工(集团)总公司、广厦控股创业投资有限公司、中天发展控股集团有限公司、北京市政路桥建设控股(集团)有限公司和中南控股集团有限公司

10家企业均有若干下属企业入选竞争力百强；中国水利水电建设集团公司1家企业的下属企业申报竞争力百强，但未入选；浙江八达建设集团有限公司1家企业直接申报竞争力百强，但未入选；浙江中成控股集团有限公司、天津城建集团有限公司和浙江昆仑控股集团有限公司3家企业均未申报竞争力百强；其余23家企业直接申报并入选竞争力百强。

进入2010中国企业500强的建筑业企业 **表4-3**

序号	500强中排名	企业名称	营业收入（万元）
1	8	中国铁建股份有限公司	35552077
2	9	中国中铁股份有限公司	34636796
3	14	中国建筑股份有限公司	26037963
4	18	中国交通建设集团有限公司	22860587
5	27	中国冶金科工集团有限公司	17670504
6	78	中国水利水电建设集团公司	7554547
7	80	上海建工（集团）总公司	7536883
8	122	广厦控股创业投资有限公司	5085054
9	176	北京城建集团有限责任公司	3640370
10	208	北京建工集团有限责任公司	3023767
11	230	中国葛洲坝集团公司	2691931
12	234	湖南省建筑工程集团总公司	2613443
13	239	浙江省建设投资集团有限公司	2576015
14	266	重庆建工集团有限责任公司	2223229
15	270	中天发展控股集团有限公司	2202733
16	291	北京市政路桥建设控股（集团）有限公司	2061600
17	298	广州市建筑集团有限公司	1992778
18	302	广东省建筑工程集团有限公司	1928901
19	327	成都建筑工程集团总公司	1812563
20	330	四川华西集团有限公司	1797369
21	333	云南建工集团有限公司	1773102

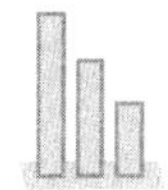

续表

序号	500强中排名	企业名称	营业收入（万元）
22	336	广西建工集团有限责任公司	1734998
23	348	江苏南通三建集团有限公司	1685800
24	350	陕西建工集团总公司	1685627
25	355	中南控股集团有限公司	1658566
26	360	江苏省苏中建设集团股份有限公司	1646580
27	362	青建集团股份公司	1620766
28	378	浙江中成控股集团有限公司	1530995
29	383	江苏南通二建集团有限公司	1512550
30	408	浙江宝业建设集团有限公司	1391756
31	411	天津城建集团有限公司	1366000
32	429	浙江昆仑控股集团有限公司	1305463
33	434	安徽建工集团有限公司	1293462
34	443	北京住总集团有限责任公司	1265379
35	466	天津市建工集团(控股)有限公司	1201678
36	475	浙江八达建设集团有限公司	1162267
37	486	山西建筑工程(集团)总公司	1146552
38	497	河北建工集团有限责任公司	1120000

中国建筑业企业竞争力百强2009年的总收入与2010中国企业500强营业收入对比情况如表4-4所示。竞争力百强企业中，有23家进入了2010中国企业500强；但是，其中有11家在竞争力百强申报的总收入与500强申报的营业收入不一致。另外，根据竞争力百强申报的2009年企业总收入，还有21家高出2009中国企业500强的入选门槛，其中有20家以母公司的名义进入了500强，只有上海城建(集团)公司1家未在2010中国企业500强之列，21家企业在500强中的大致排名情况(根据总收入在500强中营业收入的位置排名)也在表4-4中给出。

2009年竞争力百强企业总收入与中国500强企业营业收入对比 **表4-4**

序号	百强排名	企业名称［中括号内为在500强中使用的名称］	百强申报的总收入（万元）	500强申报的营业收入（万元）	500强排名	500强中的大致排名	备注
1	2	中国建筑第八工程局有限公司	3898600			166	#
2	16	中铁一局集团有限公司	3792676			170	#
3	3	中建三局建设工程股份有限公司	3605974			178	#
4	10	上海城建(集团)公司	3081891			203	
5	12	广厦建设集团有限责任公司	2701582			230	#
6	1	中国葛洲坝集团股份有限公司［中国葛洲坝集团公司］	2691931	2691931	230		
7	15	中交第一航务工程局有限公司	2673349			231	#
8	17	浙江省建设投资集团有限公司	2574319	2576015	239		*
9	21	中铁电气化局集团有限公司	2423315			250	#
10	13	湖南省建筑工程集团总公司	2389066	2613443	234		*
11	19	重庆建工集团股份有限公司［重庆建工集团有限责任公司］	2223229	2223229	266		
12	6	中国石油工程建设公司	2130067			279	#
13	4	北京城建集团有限责任公司	2083679	3640370	176		*
14	28	广州建筑股份有限公司［广州市建筑集团有限公司］	1967403	1992778	298		*
15	23	中交第三航务工程局有限公司	1933859			302	#
16	11	广东省建筑工程集团有限公司	1928901	1928901	302		
17	38	中铁七局集团有限公司	1821933			326	#
18	20	中国建筑第四工程局有限公司	1820648			326	#
19	9	中天建设集团有限公司	1819211			327	#
20	45	成都建筑工程集团总公司	1812563	1812563	327		
21	30	中国华西企业股份有限公司［四川华西集团有限公司］	1797369	1797369	330		
22	44	云南建工集团有限公司［云南建工集团总公司］	1773102	1773102	333		
23	7	中国石油天然气管道局	1758781			335	#

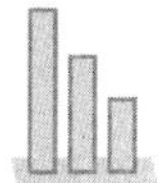

续表

序号	百强排名	企业名称［中括号内为在500强中使用的名称］	百强申报的总收入（万元）	500强申报的营业收入（万元）	500强排名	500强中的大致排名	备注
24	14	广西建工集团有限责任公司	1734998	1734998	336		
25	40	江苏南通三建集团有限公司	1685800	1685800	348		
26	39	陕西建工集团总公司	1685627	1685627	350		
27	8	青建集团股份公司	1620766	1620766	362		
28	5	北京建工集团有限责任公司	1548096	3023767	208		*
29	18	江苏南通二建集团有限公司	1512550	1512550	383		
30	25	上海隧道工程股份有限公司	1508337			385	#
31	37	中国建筑第七工程局有限公司	1452796			393	#
32	53	中铁九局集团有限公司	1407943			405	#
33	43	中国二十冶集团有限公司	1356454			413	#
34	31	中国二十二冶集团有限公司	1313025			425	#
35	29	中交第四航务工程局有限公司	1307163			429	#
36	41	中冶天工集团有限公司	1304045			430	#
37	27	上海宝冶集团有限公司	1232425			453	#
38	33	安徽建工集团有限公司	1199001	1293462	434		*
39	22	山西建筑工程(集团)总公司	1146552	1146552	486		
40	55	北京住总集团有限责任公司	1109000	1265379	443		*
41	68	河北建工集团有限责任公司	1076223	1120000	497		*
42	32	天津市建工集团(控股)有限公司	1072605	1201678	466		*
43	35	江苏省苏中建设集团股份有限公司	1019645	1646580	360		*
44	54	浙江宝业建设集团有限公司	956455	1391756	408		*

注：#表示企业以母公司的名义进入500强；

*表示企业在百强中申报的总收入比在500强中申报的营业收入低。

4.1.3　竞争力百强在2011中国企业500强中的位置

2011中国企业500强入选门槛为2010年营业收入总额1419873万元。其中，进入中国企业500强的建筑企业有42家，建筑业企业

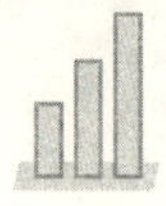

入选门槛为 2010 年营业收入总额 1428656 万元。表 4-5 给出了进入 2011 中国企业 500 强的建筑业企业及其营业收入情况。在 42 家建筑业企业中，中国中铁股份有限公司、中国铁建股份有限公司、中国建筑股份有限公司、中国交通建设股份有限公司、中国冶金科工集团有限公司、上海建工(集团)总公司、广厦控股创业投资有限公司、中天发展控股集团有限公司、北京市政路桥建设控股(集团)有限公司、中南控股集团有限公司和黑龙江省建设集团有限公司 11 家企业均有若干下属企业入选竞争力百强；中国水利水电建设集团公司和中国化学工程股份有限公司 2 家企业的下属企业申报竞争力百强，但未入选；中太建设集团股份有限公司和浙江八达建设集团有限公司 2 家企业直接申报竞争力百强，但未入选；浙江中成控股集团有限公司、四川公路桥梁建设集团有限公司、天津城建集团有限公司和浙江昆仑控股集团有限公司 4 家企业均未申报竞争力百强；其余 23 家企业直接申报并入选竞争力百强。

进入 2011 中国企业 500 强的建筑业企业　　　　表 4-5

序号	500强中排名	企业名称	营业收入（万元）
1	6	中国中铁股份有限公司	47366265
2	7	中国铁建股份有限公司	47015879
3	12	中国建筑股份有限公司	37041753
4	19	中国交通建设股份有限公司	27357150
5	30	中国冶金科工集团有限公司	21713056
6	80	中国水利水电建设集团公司	10148156
7	98	上海建工(集团)总公司	8585000
8	138	广厦控股创业投资有限公司	6035959
9	196	北京城建集团有限责任公司	4321296
10	203	上海城建(集团)公司	4060000
11	207	北京建工集团有限责任公司	3933412
12	216	中国葛洲坝集团公司	3704335
13	240	中国化学工程股份有限公司	3258320
14	252	浙江省建设投资集团有限公司	3101645

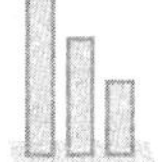

续表

序号	500 强中排名	企业名称	营业收入（万元）
15	263	重庆建工集团股份有限公司	2923386
16	275	中天发展控股集团有限公司	2734295
17	277	湖南省建筑工程集团总公司	2714049
18	281	四川华西集团有限公司	2671700
19	285	成都建筑工程集团总公司	2619663
20	305	北京市政路桥建设控股(集团)有限公司	2451385
21	308	广州市建筑集团有限公司	2428809
22	318	广西建工集团有限责任公司	2346788
23	321	云南建工集团有限公司	2333215
24	327	陕西建工集团总公司	2312286
25	333	青建集团股份公司	2228763
26	348	广东省建筑工程集团有限公司	2129624
27	364	江苏南通三建集团有限公司	2058000
28	372	江苏南通二建集团有限公司	2034806
29	403	浙江中成控股集团有限公司	1837328
30	406	中南控股集团有限公司	1825268
31	419	江苏省苏中建设集团股份有限公司	1720446
32	433	安徽建工集团有限公司	1651463
33	438	四川公路桥梁建设集团有限公司	1643166
34	446	河北建工集团有限责任公司	1620000
35	458	天津城建集团有限公司	1565900
36	463	黑龙江省建设集团有限公司	1534629
37	468	中太建设集团股份有限公司	1527046
38	470	浙江宝业建设集团有限公司	1518836
39	473	北京住总集团有限责任公司	1510600
40	477	浙江昆仑控股集团有限公司	1504480
41	491	天津市建工集团(控股)有限公司	1443121
42	495	浙江八达建设集团有限公司	1428656

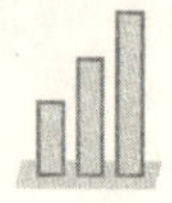

中国建筑业企业竞争力百强2010年的总收入与2011中国企业500强营业收入对比情况如表4-6所示。竞争力百强企业中，有23家进入了2011中国企业500强；但是，其中有11家在竞争力百强申报的总收入与500强申报的营业收入不一致。另外，根据竞争力百强申报的2010年企业总收入，还有21家高出2011中国企业500强的入选门槛，均以母公司的名义进入了500强，其在500强中的大致排名情况(根据总收入在500强中营业收入的位置排名)也在表4-6中给出。

2010年竞争力百强企业总收入与中国500强企业营业收入对比 **表4-6**

序号	百强排名	企业名称［中括号内为在500强中使用的名称］	百强申报的总收入(万元)	500强申报的营业收入(万元)	500强排名	500强中的大致排名	备注
1	2	中国建筑第八工程局有限公司	5447137			150	#
2	3	中建三局建设工程股份有限公司	5326640			153	#
3	16	中铁一局集团有限公司	4465912			188	#
4	10	上海城建(集团)公司	4060800	4060000	203		
5	1	中国葛洲坝集团股份有限公司［中国葛洲坝集团公司］	3704335	3704335	216		
6	15	中交第一航务工程局有限公司	3650960			220	#
7	21	中铁电气化局集团有限公司	3291120			239	#
8	17	浙江省建设投资集团有限公司	3105163	3101645	252		**
9	6	中国石油工程建设公司	3040613			259	#
10	12	广厦建设集团有限责任公司	2994883			261	#
11	19	重庆建工集团股份有限公司［重庆建工集团有限责任公司］	2923386	2923386	263		
12	13	湖南省建筑工程集团总公司	2714048	2714049	277		
13	4	北京城建集团有限责任公司	2624895	4321296	196		*
14	45	成都建筑工程集团总公司	2619663	2619663	285		
15	20	中国建筑第四工程局有限公司	2568262			292	#
16	30	中国华西企业股份有限公司［四川华西集团有限公司］	2534346	2671700	281		*
17	7	中国石油天然气管道局	2465772			304	#
18	28	广州建筑股份有限公司［广州市建筑集团有限公司］	2407430	2428809	308		*

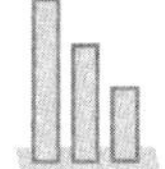

续表

序号	百强排名	企业名称 [中括号内为在500强中使用的名称]	百强申报的总收入(万元)	500强申报的营业收入(万元)	500强排名	500强中的大致排名	备注
19	9	中天建设集团有限公司	2366322			317	#
20	14	广西建工集团有限责任公司	2346788	2346788	318		
21	44	云南建工集团有限公司 [云南建工集团总公司]	2333215	2333215	321		
22	38	中铁七局集团有限公司	2318109			327	#
23	39	陕西建工集团总公司	2312286	2312286	327		
24	8	青建集团股份公司	2228763	2228763	333		
25	37	中国建筑第七工程局有限公司	2209945			337	#
26	23	中交第三航务工程局有限公司	2198621			339	#
27	11	广东省建筑工程集团有限公司	2129624	2129624	348		
28	53	中铁九局集团有限公司	2106358			353	#
29	31	中国二十二冶集团有限公司	2059821			364	#
30	40	江苏南通三建集团有限公司	2058000	2058000	364		
31	18	江苏南通二建集团有限公司	2034806	2034806	372		
32	5	北京建工集团有限责任公司	1995507	3933412	207		*
33	49	中铁建设集团有限公司	1757440			415	#
34	33	安徽建工集团有限公司	1670493	1651463	433		**
35	43	中国二十冶集团有限公司	1655100			430	#
36	68	河北建工集团有限责任公司	1570093	1620000	446		*
37	35	江苏省苏中建设集团股份有限公司	1534331	1720446	419		*
38	27	上海宝冶集团有限公司	1520358			470	#
39	29	中交第四航务工程局有限公司	1520220			470	#
40	25	上海隧道工程股份有限公司	1517358			471	#
41	41	中冶天工集团有限公司	1492482			480	#
42	32	天津市建工集团(控股)有限公司	1297946	1443121	491		*
43	55	北京住总集团有限责任公司	1226092	1510600	473		*
44	54	浙江宝业建设集团有限公司	1077368	1518836	470		*

注：#表示企业以母公司的名义进入500强；

*表示企业在百强中申报的总收入比在500强中申报的营业收入低；

**表示企业在百强中申报的总收入比在500强中申报的营业收入高。

4.2 双百强与全球承包商225强的对比分析

4.2.1 竞争力百强与全球承包商225强的对比分析

全球承包商225强是《美国工程新闻记录》(简称ENR)根据每年各国承包企业在全球范围内(包括本国和国外)的年度营业收入评选出的225家承包商。ENR每年在发布全球承包商225强排行榜的同时，还发布包括排名情况、营业额、新增合同额、业务分布和地区分布等几个方面的相关数据，并简要分析当年全球承包商225强的总体情况，以及225强的成长性及业务发展情况。

4.2.1.1 2011全球承包商225强中的中国企业

根据ENR发布的数据，进入2011全球承包商225强的中国企业为39家，如表4-7所示。

进入2011全球承包商225强的中国企业　　表4-7

企业名称	2010年排名	营业收入(亿美元)		新增合同额(亿美元)
		合计	国际收入	
中国铁建股份有限公司	1	762.06	34.24	1108.76
中国中铁股份有限公司	2	730.12	31.59	1108.76
中国建筑工程总公司	3	488.68	48.72	1114.37
中国交通建设集团有限公司	5	404.19	71.34	1210.16
中国冶金科工集团公司	7	299.05	15.15	628.66
中国水利水电建设集团公司	15	158.83	40.10	597.91
上海建工(集团)总公司	20	130.05	16.54	206.68
中国东方电气集团公司	37	68.65	11.40	131.76
中国化学工程集团公司	42	59.54	9.66	85.81
中国石油工程建设(集团)公司	51	48.62	34.76	39.00
浙江省建设投资集团有限公司	52	48.49	1.78	55.83
中国葛洲坝集团有限公司	53	48.16	12.67	101.94
中国机械工业集团公司	54	47.16	35.30	213.73
中国石油天然气管道局	66	38.02	9.76	33.87
云南建工集团有限公司	68	36.47	1.65	43.36

续表

企业名称	2010年排名	营业收入(亿美元)		新增合同额(亿美元)
		合计	国际收入	
青岛建设集团股份公司	74	33.51	5.45	33.34
中信建设有限责任公司	75	32.81	32.53	26.24
江苏南通三建集团有限公司	85	28.08	1.90	24.48
上海城建(集团)公司	86	27.98	1.89	24.78
山东电力基本建设总公司	88	27.66	7.51	30.05
中国寰球工程公司	90	27.07	3.22	35.90
安徽建工集团有限公司	94	25.53	2.78	29.38
中原石油勘探局	105	23.15	6.00	23.15
中国石化工程公司	109	21.15	10.46	6.32
大庆油田建设集团	118	19.15	0.30	19.93
江苏南通六建集团有限公司	123	17.79	1.28	15.88
山东电力建设第三工程公司	125	17.55	15.80	31.11
上海电气集团有限公司	130	17.06	11.76	64.91
南通建工集团股份有限公司	136	15.74	1.94	12.70
新疆北新建设工程(集团)有限公司	143	14.54	3.09	15.35
中国电力工程顾问集团公司	153	12.76	0.67	30.23
沈阳远大铝业工程有限公司	161	11.79	2.80	7.20
中国土木工程集团公司	170	10.77	10.26	18.52
中国江苏国际经济技术合作公司	177	10.22	5.53	11.79
哈尔滨电站工程有限责任公司	192	8.91	8.91	8.91
泛华建设集团有限公司	196	8.67	2.53	4.71
中国武夷实业股份有限公司	217	7.35	2.31	7.85
中地国际建设集团有限公司	219	7.21	6.50	10.05
中国地质工程集团公司	221	7.10	5.28	6.95

4.2.1.2 全球承包商225强中的竞争力百强企业

竞争力百强中，有12家企业进入2011全球承包商225强，具体如表4-8所示。

进入2011全球承包商225强的竞争力百强企业　　表4-8

2011全球承包商225强排名	2010年度中国建筑业企业竞争力百强排名	企业名称
53	1	中国葛洲坝集团股份有限公司
51	6	中国石油工程建设公司
66	7	中国石油天然气管道局
74	8	青建集团股份公司
86	10	上海城建(集团)公司
52	17	浙江省建设投资集团有限公司
94	33	安徽建工集团有限公司
85	40	江苏南通三建集团有限公司
68	44	云南建工集团有限公司
123	75	江苏南通六建建设集团有限公司
177	81	中国江苏国际经济技术合作公司
136	86	南通建工集团股份有限公司

4.2.1.3　达到全球承包商225强入选门槛的竞争力百强企业

2011全球承包商225强的入选门槛是2010年营业收入总额68980万美元，按2010年平均汇率(1：6.7695)折合成人民币约为466960.11万元。根据竞争力百强申报的2010年度企业营业收入，共有89家竞争力百强企业的营业收入高出2011全球承包商225强的入选门槛。也就是说，这89家均有资格进入2011全球承包商225强。

4.2.1.4　相关数据对比分析

根据竞争力百强数据，中国建筑业企业竞争力百强在2010年度的营业收入总和为人民币15208亿元(按2010年人民币对美元的平均汇率1：6.7695，约合2246.54亿美元)，国际业务实现营业收入为人民币1112.5亿元(约合164.34亿美元)，新签合同额为人民币26708.2亿元(约合3945.37亿美元)。

为了方便比较，将两个排行榜中的数据折算为各自排行榜中每家企业的平均值。2011全球承包商225强在2010年的平均营业收入为50.59亿美元，平均国际工程收入为16.55亿美元，平均新增合同额为

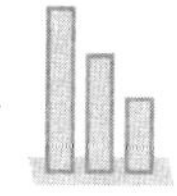

65.61亿美元。中国建筑业企业竞争力百强在2010年的平均营业收入22.47亿美元，为全球承包商225强平均收入的44.42%；国际业务实现收入1.64亿美元，为全球承包商225强平均国际收入的9.91%；新签合同额39.45亿美元，为全球承包商225强平均新签合同额的60.13%，如图4-1所示。

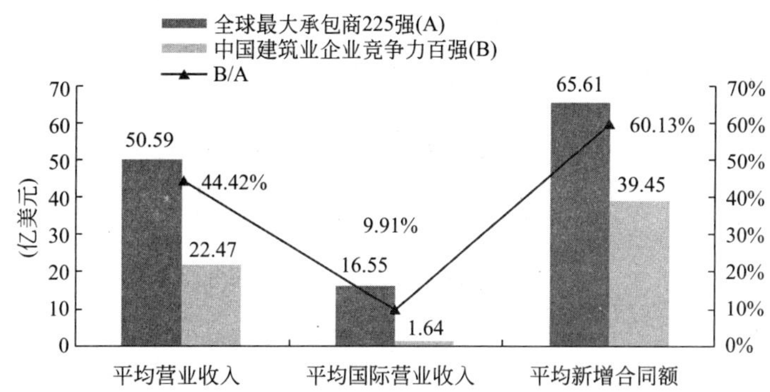

图4-1　全球承包商225强与中国建筑企业竞争力百强的相关数据对比

4.2.2　成长性百强与全球承包商225强的对比分析

同样以前述2011全球承包商225强的入选门槛营业收入68980万美元、折合成人民币约为466960.11万元为标准，根据成长性百强申报的2010年营业收入，共有15家企业的营业收入高于这一门槛，见表4-9。也就是说，这15家企业均有资格报名参加2011全球承包商225强的评选，并有一定可能性进入这一国际知名排行榜。

成长性百强达到2011全球承包商225强入选门槛的企业　　**表4-9**

2010年度中国建筑业企业成长性百强排名	企业名称	营业收入（万元）
1	中建三局第三建筑工程有限责任公司	760290.0
2	中国华冶科工集团有限公司	646184.0
4	中建工业设备安装有限公司	661440.0
6	浙江省长城建设集团股份有限公司	513883.3
8	东方建设集团有限公司	721946.0

续表

2010年度中国建筑业企业成长性百强排名	企业名称	营业收入（万元）
11	江苏邗建集团有限公司	519435.0
13	江苏省建筑工程集团有限公司	717377.0
16	华太建设集团有限公司	468236.0
18	浙江鸿翔建设集团有限公司	538121.0
20	江苏金土木建设集团有限公司	501392.0
26	凯翔集团有限公司	552633.0
31	中交一航局第五工程有限公司	506571.0
33	浙江宝盛建设集团有限公司	485285.0
46	恒元建设控股集团有限公司	662603.0
47	南京宏亚建设集团有限公司	504161.3

4.3 竞争力百强与国际承包商225强的对比分析

国际承包商225强是ENR发布的根据承包企业国际市场年度营业收入排名的225家承包商，与全球承包商225强一样是世界公认的承包领域权威排名。国际承包商225强与前文所述的全球承包商225强的不同之处在于，国际承包商225强排名的依据是承包企业在除本国以外的国际市场上的年度营业收入，全球承包商225强排名的依据是企业在本国和国际市场上的营业收入之和。

本节主要针对竞争力百强进行分析。对于成长性百强企业，因为未统计其国际营业收入，故对其不做分析。

4.3.1 2011国际承包商225强中的中国企业

2011国际承包商225强入选门槛为2010年国际市场营业收入15630万美元。其中，进入2011国际承包商225强的中国企业共有51家。表4-10给出了进入2011国际承包商225强的中国企业及其国际市场营业收入情况。

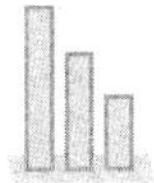

进入 2011 国际承包商 225 强的中国企业　　表 4-10

序号	公司名称	国际承包商 225 强排名	国际市场收入（万美元）
1	中国交通建设股份有限公司	11	713420
2	中国建筑工程总公司	20	487170
3	中国水利水电建设集团公司	24	401000
4	中国机械工业集团公司	26	352950
5	中国石油工程建设(集团)公司	27	347620
6	中国铁建股份有限公司	29	342400
7	中信建设有限责任公司	32	325290
8	中国中铁股份有限公司	33	315860
9	上海建工(集团)总公司	54	165410
10	山东电力建设第三工程公司	58	157990
11	中国冶金科工集团公司	61	151490
12	中国葛洲坝集团公司	71	126670
13	上海电气集团	78	117630
14	东方电气股份有限公司	80	114010
15	中国石化工程建设公司	83	104580
16	中国土木工程集团公司	86	102630
17	中国石油天然气管道局	89	97600
18	中国化学工程股份有限公司	92	96580
19	哈尔滨电站工程有限责任公司	95	89110
20	山东电力基本建设总公司	100	75060
21	中地国际建设集团有限公司	112	65040
22	北京建工集团	113	64530
23	中国水利电力对外公司	115	61030
24	中原石油勘探局工程建设总公司	118	60040
25	中国江苏国际经济技术合作公司	125	55330
26	青岛建设集团公司	127	54500
27	中国地质工程集团公司	129	52790
28	中国大连国际经济技术合作集团有限公司	145	41470

续表

序号	公司名称	国际承包商225强排名	国际市场收入（万美元）
29	中国机械进出口(集团)有限公司	151	37080
30	中国河南国际合作集团有限公司	154	34230
31	安徽省外经建设(集团)有限公司	155	34050
32	中国寰球工程公司	158	32240
33	中国机械设备进出口总公司	162	31330
34	新疆北新建设工程(集团)有限责任公司	163	30870
35	沈阳远大铝业工程有限公司	168	28000
36	安徽建工集团	170	27760
37	中国万宝工程公司	176	26430
38	中国中原对外工程公司	177	26310
39	中国国际经济合作总公司	178	26180
40	中国江西国际经济技术合作公司	183	25740
41	泛华建设集团有限公司	187	25320
42	合肥水泥研究设计院	191	23770
43	中国武夷实业股份有限公司	193	23060
44	南通建工集团股份有限公司	200	19420
45	江苏南通三建集团有限公司	202	18970
46	中国石油天然气管道工程有限公司	203	18900
47	上海城建集团	204	18890
48	中鼎国际工程有限责任公司	206	18580
49	浙江省建设投资集团公司	214	17790
50	云南建工集团有限公司	220	16460
51	中国成套设备进出口(集团)总公司	225	15630

4.3.2 国际承包商225强中的竞争力百强企业

由表4-10可见竞争力百强企业中，有12家企业进入2011国际承包商225强，具体如表4-11所示。

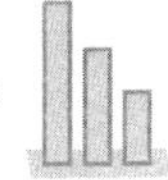

进入 2011 国际承包商 225 强的竞争力百强企业　　表 4-11

2011 国际承包商 225 强排名	2010 年度中国建筑业企业竞争力百强排名	企业名称
71	1	中国葛洲坝集团股份有限公司
113	5	北京建工集团有限责任公司
27	6	中国石油工程建设公司
89	7	中国石油天然气管道局
127	8	青建集团股份公司
204	10	上海城建(集团)公司
214	17	浙江省建设投资集团有限公司
202	40	江苏南通三建集团有限公司
220	44	云南建工集团有限公司
155	61	安徽省外经建设集团有限公司
125	81	中国江苏国际经济技术合作公司
200	86	南通建工集团股份有限公司

4.3.3　达到 2011 国际承包商 225 强入选门槛的竞争力百强企业

2011 国际承包商 225 强的入选门槛是 2010 年国际市场营业收入达到 15630 万美元，按 2010 年人民币对美元的平均汇率 1∶6.7695，约合 105807 万元，根据竞争力百强申报的 2010 年国际营业收入，共有 14 家企业的国际市场营业收入高出 2011 国际承包商 225 强入选门槛，见表 4-12。

竞争力百强达到 2011 国际承包商 225 强入选门槛的企业　　表 4-12

2010 年度中国建筑业企业成长性百强排名	企业名称	国际营业收入（万元）
2	中国建筑第八工程局有限公司	576685.92
3	中建三局建设工程股份有限公司	430860.00
15	中交第一航务工程局有限公司	248270.61
23	中交第三航务工程局有限公司	215037.00
29	中交第四航务工程局有限公司	378660.00

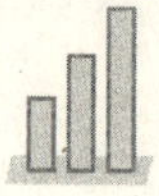

续表

2010年度中国建筑业企业成长性百强排名	企业名称	国际营业收入（万元）
33	安徽建工集团有限公司	186398.00
38	中铁七局集团有限公司	185200.00
39	陕西建工集团总公司	116068.00
42	中煤矿山建设集团	621891.90
47	福建建工集团总公司	130200.00
52	南通建筑工程总承包有限公司	315500.00
56	上海市第一建筑有限公司	218817.80
63	中国十五冶金建设集团有限公司	252346.00
76	中国京冶工程技术有限公司	168628.00